WORKBOOK AND LABORATORY MANUAL

Integración: Ejercicios escritos y Manual de laboratorio

To Accompany

DICHO Y HECHO Fifth Edition

BEGINNING SPANISH

LAILA M. DAWSON
University of Richmond

ALBERT C. DAWSON
University of Richmond

D0162497

JOHN WILEY & SONS, INC.

New York   Chichester   Weinheim   Brisbane   Singapore   Toronto

ACQUISITIONS EDITOR	Carlos Davis/Lyn McLean
SUPPLEMENT EDITOR	Andrea Bryant
MARKETING MANAGER	Leslie Hines
PRODUCTION EDITOR	Edward Winkleman
DESIGNER	Kevin Murphy
MANUFACTURING MANAGER	Marsheela Evans
PHOTO EDITOR	Mary Ann Price
ILLUSTRATION COORDINATOR	Anna Melhorn

This book was set in 10/12 New Aster by University Graphics, Inc. and printed and bound by Victor Graphics, Inc. The cover was printed by Victor Graphics, Inc.

Recognizing the importance of preserving what has been written, it is a policy of John Wiley & Sons, Inc. to have books of enduring value published in the United States printed on acid-free paper, and we exert our best efforts to that end.

Copyright © 1997, by John Wiley & Sons, Inc.

All rights reserved. Published simultaneously in Canada.

Reproduction or translation of any part of this work beyond that permitted by Sections 107 and 108 of the 1976 United States Copyright Act without the permission of the copyright owner is unlawful. Requests for permission or further information should be addressed to the Permissions Department, John Wiley & Sons, Inc.

ISBN 0-471-14017-1

Printed in the United States of America

Preface

This Workbook and Laboratory Manual accompanies the textbook *Dicho y hecho: Beginning Spanish,* Fifth Edition. As its name implies, it consists of two main sections.

Integración: Ejercicios escritos

The first, or workbook, section provides written exercises that practice and reinforce the vocabulary and structures presented in the textbook. Each workbook chapter follows the format of the corresponding chapter in the textbook, and offers a variety of exercises and activities:

- crossword puzzles for practice of theme vocabulary through word definitions;
- grammar-specific exercises that practice language structures within a context;
- realia-based exercises for the purpose of further developing reading skills (accompanied by *Reading Hints* in the first seven chapters);
- focused creative writing exercises based on the text cartoon characters Antonio Tucán, Miguelito, and Julia;
- chapter review through questions which relate to the students' lives;
- guided creative writing through interpretation of a situation suggested by a drawing.

An *Answer Key* is provided at the back so that you may correct and evaluate your work by yourself. Answers are **not** provided for realia-based reading exercises, the review questions at the end of each chapter, or creative writing activities.

Integración: Manual de laboratorio

The second, or lab manual, section of this publication is for use with the program of laboratory tape recordings. The tapes support the textbook by offering: (1) practice and reinforcement of its vocabulary and structures and; (2) listening-comprehension exercises based on its conversations and cultural materials. Together, the tapes and lab manual have the following special features:

- a highly effective visual component based on the vocabulary-related and structure-related illustrations from the text;
- guided listening exercises (in which you listen with a particular focus and respond in writing to the information presented) based on a variety of materials: *Conversaciones, Noticias culturales,* segments of the *Panorama cultural* sections, and grammar-related situational dialogues;
- map based exercises for the purpose of reviewing geography by charting an imaginary journey through each of the major Spanish-speaking areas of the world;

- opportunities for you to become more actively engaged in the listening and responding process by writing responses ranging from a single word (for example, a particular verb form) to full sentence answers to personal questions in the *Preguntas para usted* sections.

The *Dicho y hecho* classroom textbook, with its variety of exercises, activities, and cultural materials, and the workbook and laboratory program, designed to increase accurate writing proficiency and oral/aural proficiency, provide a total and engaging program of language study.

Laila M. Dawson
Albert C. Dawson

Contents

INTEGRACIÓN:
EJERCICIOS ESCRITOS

20/20

Leyla Sanchez

Ejercicios escritos: Capítulo 1

Words of advice ...

To gain maximum benefit from these writing exercises, take this approach:

a) Study the section in the textbook that corresponds to the exercise(s):

b) Complete the exercise(s) in each section with minimal additional reference to the text;

c) Consult the *Answer Key* at the back and correct your work, making corrections with a pen of contrasting color. Corrections in a different color ink will stand out when you later review your work, helping you identify and focus on potential problem areas needing further study as you prepare for classroom practice and testing. (The *Answer Key* does not provide answers for reading, chapter review, or creative writing exercises.)

A CONOCERNOS: Las presentaciones (libro de texto, pp. 8–9)

1.1 What would you say in the following situations?

1. You want to learn your instructor's name.

   ¿Cómo se llama usted?

2. You want to learn your classmate's name.

   ¿Cómo te llamas?

3. You want to tell your name to a classmate.

   Me llamo Leyla

4. You want to introduce your friend Octavio Chan to the teacher.

   Permítame presentarle a Octavio Chan

5. You want to introduce your friend Octavio to your classmate.

   Quiero presentarte a Octavio

6. You have just been introduced to a classmate.

   Encantada

7. Professor Linares from Granada, Spain, has just stated that she is pleased to meet you. How do you respond?

   El gusto es mio.

ESTRUCTURA I, *Identifying yourself and telling where you are from:* **Los pronombres personales y** *ser* **+** *de* (libro de texto, pp. 11–12)

1.2 Pretend that you are pointing out to your instructor where some of your classmates are from. Complete the statements using the subject pronoun that corresponds to the verb form in the sentence and the reference in parentheses, if any.

Ejemplo   (Juan) **Él** es de Santa Mónica.

1. (María) _Ella_ es de San Antonio.
2. (David) _Él_ es de Santa Bárbara.
3. (Carmen and Linda) _Ellas_ son de El Paso.
4. (Daniel and Ricardo) _Ellos_ son de Santa Fe.
5. _Yo_ soy de Los Ángeles.
6. _Nosotros_ somos de California.

1.3 (a) Write a question to inquire where the following people are from, and (b) write the response according to the information provided. Don't forget to use Spanish punctuation! (**¿?**)

Ejemplo   Alfonso/Colorado
   (a) **¿De dónde es Alfonso?**
   (b) **Es de Colorado.**

1. La profesora Guzmán/España

   (a) _¿De dónde es la profesora Guzmán?_

   (b) _Es de España_

2. Rosa y Camila/Tejas

   (a) _¿De dónde son Rosa y Camila?_

   (b) _Son de Tejas._

Copyright © 1997 John Wiley & Sons

Nombre _Leyla Sanchez_ Fecha _____ Clase _____

3. (tú) /Arizona

   (a) _¿ De dónde eres?_____

   (b) _Soy de Arizona._____

4. ustedes/Nuevo México

   (a) _¿ De dónde son ustedes?_____

   (b) _Nosotros somos de Nuevo México_

BIEN DICHO: Los saludos, el bienestar y la despedida; Las expresiones de cortesía (libro de texto, pp. 13–14)

1.4 What would you say in the following situations?

Ejemplo You want to greet Mrs. Gutiérrez. It is 10:00 a.m.
Buenos días, señora Gutiérrez.

1. You want to greet Mr. Gutiérrez. It is 2:00 p.m.

   Buenas tardes, Señor Gutiérrez.

2. You want to ask Mr. Gutiérrez about his well-being.

   ¿ Cómo está usted?

3. You see your friend Lisa at a party and want to greet her.

   Hola Lisa

4. You want to ask Lisa about her well-being.

   ¿ Qué tal?

5. You want to ask Lisa what's happening.

   ¿ Qué pasa?

6. You are dancing with a friend and accidentally step on your partner's toe.

   Perdón

7. You want to pass by some people who are blocking the refreshments table.

Con permiso

8. You need to get someone's attention prior to asking where the bathroom is.

Perdón

9. You want to say goodbye to Lisa and tell her that you'll see her tomorrow.

Chao, hasta mañana

BIEN DICHO: En la clase de español (libro de texto, p. 17)

1.5   What item or items from the following list do you most closely associate with the words given in #1–8 below? Write each item next to the corresponding numbered word.

la **oración**	~~el **capítulo**~~	~~la **respuesta**~~	la **lección**	~~el **papel**~~
~~la **página**~~	la **silla**	~~el **examen**~~	~~el **bolígrafo**~~	~~la **prueba**~~
~~la **tiza**~~	~~el **pupitre**~~	~~el **borrador**~~		

Ejemplo   la mesa
la silla

1. la pizarra: *la tiza*, *el borrador*
2. la pregunta: *la respuesta*
3. la nota: *la prueba*, *el examen*
4. el libro: *la página*, *el capítulo*, *la lección*
5. el cuaderno: *el papel*
6. el lápiz: *el bolígrafo*
7. las palabras: *la oración*
8. el escritorio: *el pupitre*

Copyright © 1997 John Wiley & Sons

Nombre __Leyla Sanchez__ Fecha _____ Clase _____

1.6 You are attending a university in Puerto Rico and have just purchased your school supplies at the university bookstore. Indicate the cost of each line item, writing out the numbers.

Dollar = **dólar**; *cents* = **centavos**; *$1.15* = **un dólar quince centavos**

1. 5 lápices: __un dólar veinticinco centavos__

2. 3 bolígrafos: __tres dólares treinta centavos__

3. 5 cuadernos: __quince dólares__

4. el papel: __nueve dólares veinte centavos__

5. el manual de laboratorio: __dieciocho dólares__

6. el libro: __veintisiete dólares__

7. el diccionario: __dieciseis dólares__

Librería Universitaria

5 lápices	$1.25
3 bolígrafos	$3.30
5 cuadernos	$15.00
papel	$9.20
manual de lab.	$18.00
libro	$27.00
diccionario	$16.00

1.7 Read the advertisement that follows and answer the questions.

Reading Hints: (a) When reading the advertisement, first examine the symbols. In this case the bookstore logo is key to understanding the name of the bookstore. (b) Look for words similar to their English equivalents. Can you guess the meaning of **distribuidores, aceptan, especiales,** and **catálogo**? (c) Guess the meaning of other words by their context, i.e., the words that surround them. For example, given the address at the bottom of the ad, what does **por correo** mean?

Librería del Lobo

**Ahora
Lea en Español
Librería del Lobo, Inc**
Distribuidores Mayoristas y Minoristas

Se aceptan órdenes especiales

Ordene nuestro catálogo gratis

por teléfono: (301) **948-3384**
por fax: (301) 963-8220
por correo:
  P. O. Box 3434
  Diamond Farms
  Gaithersburg, MD 20885-3434

1. ¿Cómo se llama la librería (*bookstore*)?

   Librería del Lobo

2. ¿Cómo se dice *wolf* en español?

   el lobo

3. ¿Cómo se dice *read in Spanish* en español?

   Lea en español

4. ¿Qué aceptan en la Librería del Lobo?

   Ellos aceptan órdenes especiales

5. ¿Cómo podemos pedir (*can we ask for*) un catálogo gratis?

   Por teléfono, por fax, y por correo

ESTRUCTURA II, *Identifying gender and number:* **Artículos y sustantivos** (libro de texto, pp. 19–21)

1.8 Identify each item using the appropriate definite or indefinite article as needed.

¿el, la, los o las?

1. Los estudiantes deben escribir (*should write*):

_la_	tarea	_las_	respuestas
los	ejercicios	_las_	oraciones
_la_	composición	_la_	prueba
las	preguntas	_el_	examen

¿un, una, unos o unas?

2. Para las clases los estudiantes necesitan comprar (*need to buy*):

unos	cuadernos	_una_	calculadora
_un_	lápiz	_unas_	mapas
_un_	bolígrafo	_un_	diccionario
una	mochila		

Copyright © 1997 John Wiley & Sons

Nombre _Leyla Sanchez_ Fecha _____ Clase _____

1.9 To indicate that the professor has more than one of each item, change the singular articles and nouns to the plural form.

> **Ejemplo** El profesor tiene (*has*)...
> el libro **los libros**

El profesor tiene...

1. el examen _los examenes_

2. el papel _los papeles_

3. la nota _las notas_

4. la respuesta _las respuestas_

5. el cuaderno _los cuadernos_

6. la composición _las composiciónes_

ESTRUCTURA III, *Going places: Ir + a + destino*
(libro de texto, pp. 22–23)

1.10 Translate the sentences to indicate where you and your student friends are going this afternoon.

1. I am going to Spanish class.

   Voy a la clase de español

2. Carlos is going to the student center.

   Carlos va al centro estudiantil

3. Lisa and Teresa are going to the bookstore.

   Lisa y Teresa van a la librería.

4. Victor, are you going to the professor's (*m.*) office?

   ¿Victor, vas a la oficina del profesor?

5. We are going to the gym.

   Vamos al gimnasio.

ESTRUCTURA IV, *Asking questions and making negative statements:*
Preguntas y declaraciones negativas (libro de texto, p. 25)

1.11   Change the following statements to questions.

> **Ejemplo**   Susana va a la biblioteca.
> **¿Va Susana a la biblioteca?**

1. Jim y Sam van a la fiesta.

   ¿Van Jim y Sam a la fiesta?

2. La profesora va al laboratorio.

   ¿Va profesora al laboratorio?

3. Los estudiantes son de California.

   ¿Son los estudiantes de California?

4. Marta es de Nuevo México.

   ¿De donde es Marta?

1.12   Defend your friend! Say that your friend does not fit the following
description or is not going to the following places. Don't forget to
use Spanish punctuation! **(¡!)**

> **Ejemplo**   ¿Es egoísta?
> **¡No, no es egoísta!**

1. ¿Es pesimista? _¡No, no es pesimista!_
2. ¿Es inmoral? _¡No, no es inmoral!_
3. ¿Es irresponsable? _¡No, no es irresponsable!_
4. ¿Va al bar? _¡No, no voy al bar!_
5. ¿Va al casino? _¡No, no voy al casino!_

ESTRUCTURA V, *Indicating the days of the week:* **Los días de la**
semana (libro de texto, pp. 26–27)

1.13   Give the days that come before and after the day given.

1. _domingo_ , lunes, _martes_

Copyright © 1997 John Wiley & Sons

Nombre _Layla Sanchez_ Fecha _____ Clase _____

2. ___miércoles___, jueves, ___viernes___

3. ___sábado___, domingo, ___lunes___

1.14 Leti (short for Leticia) is very organized and has her schedule planned for the week. Answer the questions to indicate on what day or days she has each activity scheduled.

Mi Horario

lunes	español química	viernes	español química
martes	música biblioteca	sábado	gimnasio fiesta
miércoles	español química	domingo	parque con Óscar
jueves	lab. de química		

Esta (*This*) **semana:**

1. ¿Qué días va Leti a la clase de español?

   Va a las lunes, miércoles, y viernes.

2. ¿Qué día va al laboratorio de química?

   Va a las jueves.

3. ¿Qué día va a la clase de música y a la biblioteca?

   Va a las martes

4. ¿Qué día va al parque con Óscar?

   Va a la domingo

5. ¿Qué día va al gimnasio y a la fiesta?

   Va a la sábado.

ESTRUCTURA VI, *Telling time: ¿Qué hora es?*
(libro de texto, pp. 27–29)

1.15   Write the time of day according to each clock.

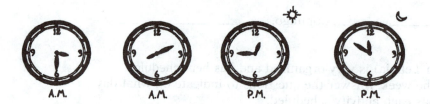

¿Qué hora es?

1. Son las tres y media
2. Son las ocho y diez.
3. Es la una menos cuarto en la tarde.
4. Son las doce menos diez en la noche.

1.16   At a university in Puerto Rico, you observe certain events of interest on a student activities board. Indicate at what time each event takes place.

1. ¿A qué hora es la obra de teatro?

   Es a las ocho y media.

2. ¿A qué hora es el concierto?

   Es a las nueve

3. ¿A qué hora es el baile flamenco?

   Es a las siete.

Copyright © 1997 John Wiley & Sons

Nombre _Leyla Sanchez_ Fecha _____ Clase _____

REPASO GENERAL (*General review*): **Capítulo 1**

1.17 Answer the questions in complete sentences.

1. ¿Cómo se llama usted?

   Me llamo es Leyla

2. ¿De dónde es usted?

   Soy de Panamá

3. ¿Cómo está usted?

   Muy bien

4. ¿Qué días va usted a la clase de español?

   Voy a las lunes y miercoles

5. ¿A qué hora es la clase de español?

   A la una.

6. ¿Qué hora es?

   Son las doce y media

1.18 Antonio Tucán is rather infatuated with Julia Quetzal. Write a dialog in which he **a)** introduces himself and asks her name; **b)** asks where she is from; and **c)** asks where she is going (**¿Adónde... ?**), etc.

Antonio   Julia

ANTONIO: _¡Hola! Me llamo Antonio ¿como te llamas?_

JULIA: _Me llamo Julia._

ANTONIO: _¿De donde eres?_

(*continuado*)

JULIA: _Soy de Los Angeles_

ANTONIO: _¿Adonde vas?_

JULIA: _Voy a la fiesta_

ANTONIO: _Bueno, Adios._

JULIA: _Ciao._

[Check your answers with those given in the *Answer Key* and make all necessary corrections with a pen or pencil of a different color.]

Copyright © 1997 John Wiley & Sons

Ejercicios escritos: Capítulo 2

VOCABULARIO: La familia (libro de texto, pp. 38–39)

2.1 Crucigrama (*Crossword puzzle*).

Vertical

1. El padre de mi (*of my*) padre es mi...
2. Tienen un bebé. Él es el padre. Ella es la...
3. La hija de la hija de la abuela es la...
4. Un animal favorito de la familia es el...
5. El hijo de mi tío es mi...
6. La familia vive (*lives*) en una...
7. Mi hermana es la... de mi madre.

Horizontal

4. Mamá y papá son mis...
6. El vehículo de la familia es el...
8. La recién nacida (*newborn*) es la...
9. El hijo de mis padres es mi...
10. El hermano de mi padre es mi...
11. Él es el esposo. Ella es la...

2.2   ¡Vamos a leer! (*Let's read!*) Lea la información en la portada de la
revista (*cover of the magazine*) **Sus niños y usted.**

Reading Hints: When reading, you do not need to understand the
meaning of every word. Find the words that you recognize and try to
guess the meaning of other words by context.

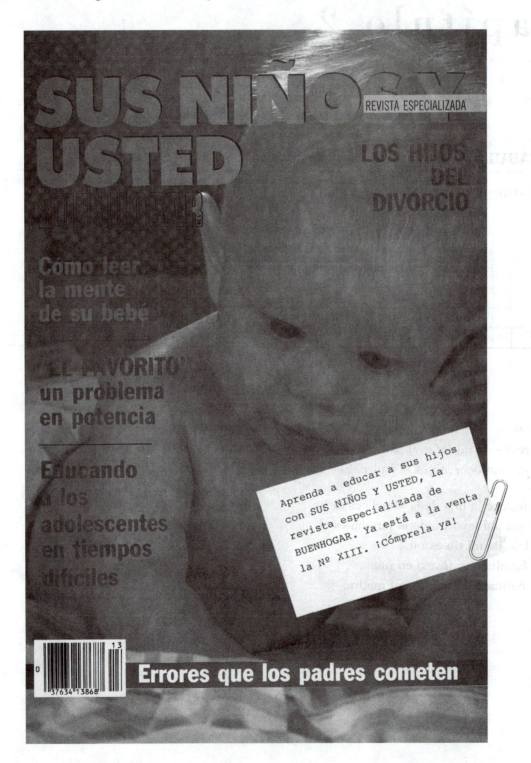

Copyright © 1997 John Wiley & Sons

Nombre _Cayla Sanchez_   Fecha _____   Clase _____

1. En la Columna (a), escriba las palabras que usted reconoce
   (*recognize*) o puede identificar por el contexto. En la Columna (b),
   traduzca la palabra al inglés.

   (a) _leer_____   (b) _read_____

   _hijos_____   _children_____

   _padres_____   _parents_____

   _bebé_____   _baby_____

   _divorcio_____   _divorce_____

   _favorito_____   _favorite_____

   _tiempos_____   _times_____

   _adolescentes_____   _adolecents_____

   _difíciles_____   _difficult_____

2. En su opinión, ¿cuál es el artículo más interesante? Escriba el
   título. _Los Hijos del Divorcio_____

BIEN DICHO: Algunas vocaciones y profesiones
(libro de texto, p. 42)

2.3   ¿Qué profesión asocia usted con las siguientes (*following*) palabras?
Indique la forma masculina y la forma femenina.

Ejemplo   restaurante: **el camarero, la camarera**

1. hospital: _el enfermero_____ ,

   _la enfermera_____ , o _el médico_____ ,

   _la médica_____

2. compañía grande: _el hombre de negocios_____

   _la mujer de negocios_____

3. números, calculadora: _el contador_____ ,

   _la contadora_____

4. computadoras: _el programador_ ,
   la programadora

5. criminales, inocentes: _el abogado_ ,
   la abogada

6. Bloomingdales, Sears: _el dependiente_ ,
   la dependienta

ESTRUCTURA I, *Numbers from 30–100 and telling age with* **tener**: **Los números de 30–100 y** *tener...años*
(libro de texto, pp. 44–45)

2.4 Lea la información que sigue de "Las Páginas Amarillas" (*Yellow Pages*) de Washington, D.C. ¿En qué páginas se encuentran (*are found*) los servicios indicados? Deletree (*spell out*) el número.

Ejemplo Población Hispana de los E.E.U.U. en la página 84   Población Hispana: página **ochenta y cuatro**

#1 en Servicio.

Las Páginas Amarillas de Vega & Associates ofrece la siguiente información:

Centros Religiosos en la página 128

Organismos de ayuda para ancianos en la página 72

Escuelas Privadas y Públicas en la página 53

Farmacias abiertas las 24 horas en la página 23

Gobierno Local en las páginas 38, 39 y 42

Universidades en la página 55

...y mucho más

1. Gobierno Local: páginas _treinta y ocho_ ,
   treinta y nueve y _cuarenta y dos_

2. Ayuda (*Help*) para ancianos: página _setenta y dos_

3. Farmacias abiertas las 24 horas: página _veintitres_

Copyright © 1997 John Wiley & Sons

Nombre *Leyla Sanchez* Fecha _____ Clase _____

4. Centros Religiosos: página _*Ciento veintiocho*_

5. Universidades: página _*cincuenta y cinco*_

6. Escuelas Privadas y Públicas: página _*cincuenta y tres*_

2.5 Su amiga Leti es estudiante de español. En su cuaderno, ella escribe (*writes*) sus notas. Deletree cada (*each*) nota.

> **Clase de español**
>
> | | |
> |---|---|
> | composición | 69 |
> | presentación oral | 55 |
> | examen # 1 | 74 |
> | tarea | 81 |
> | ejercicio de lab. | 100 |
> | examen # 2 | 92 |
> | examen final | 90 |

1. composición: _*Sesenta y nueve*_

2. presentación oral: _*cincuenta y cinco*_

3. examen #1: _*setenta y cuatro*_

4. tarea: _*ochenta y uno*_

5. ejercicio de laboratorio: _*cien*_

6. examen #2: _*noventa y dos*_

7. examen final: _*noventa*_

2.6 Complete las oraciones y las preguntas con la forma correcta del verbo **tener.**

1. Yo _*tengo*_ veinte años.

2. ¿Cuántos años _*tienes*_ tú?

3. Mi compañero(a) de cuarto _*tiene*_ diez y nueve años.

4. Mis padres _____ *tienen* _____ cincuenta años.

5. ¿Cuántos años _____ *tienen* _____ ustedes?

6. ¿ _____ *Tenéis* _____ vosotros ochenta años?

7. Nosotros _____ *tenemos* _____ veintiún años.

2.7 Indique cuántos años tienen las personas.

1.  Mi hermana...

   tiene veitiún años.

2.  Mi madre...

   tiene cuarenta y cuatro años

3.  Mi abuelo...

   tiene sesenta y siete años.

4.  Mi bisabuelo...

   tiene cien años.

5.  Yo...

   tengo veinte años.

Copyright © 1997 John Wiley & Sons

Nombre _Leyla Sanchez_ Fecha _____ Clase _____

ESTRUCTURA II, *Expressing possession:* **Los adjetivos posesivos** (libro de texto, pp. 46–47)

2.8 Usted y sus amigos pronto van a clase. Tienen los materiales necesarios para cada (*each*) clase. Complete las oraciones con la forma correcta del adjetivo posesivo.

Ejemplo   Voy a la clase de biología.

Tengo **mi** microscopio.

1. Voy a la clase de filosofía. Tengo ____mi____ libro sobre Kant y Nietzsche.
2. Alfonso va a la clase de computación. Tiene ____sus____ discos para la computadora.
3. Octavio va a la clase de psicología. Tiene ____su____ libro sobre Freud.
4. ¿Vas a la clase de música? ¿Tienes ____tu____ violín? ¿y ____tus____ libros de música clásica?
5. Vamos a la clase de español. Tenemos ____nuestros____ libros y cuadernos.
6. Mi hermano y yo vamos a la clase de física. Tenemos ____nuestro____ proyecto.

ESTRUCTURA III, *Describing people and things:* **Los adjetivos descriptivos** (libro de texto, pp. 49–51)

2.9 Indique cómo son las personas o las cosas (*things*) que siguen. Use la palabra de significado contrario (*opposite*). No incluya el pronombre personal.

Ejemplo   Simón no es gordo.

Es flaco *o* **delgado.**

1. Mis amigos no son feos. ____Son guapos____
2. Yo no soy pobre. ____Soy rica____
3. La profesora no es tonta. ____Es inteligentes____
4. Mi hermana no es perezosa. ____Es trabajadora____
5. Mi madre no es baja. ____Es alta____
6. Mis primos no son rubios. ____Son morenos____
7. Mis amigas no son débiles. ____Son fuertes____

8. Mis amigos no son aburridos. _Son divertidos_

9. Mi médico no es antipático. _Es simpático_

10. Mis profesores no son jóvenes. _Son viejos_

11. Las salas de clase no son grandes. _Son pequeños._

12. Mis clases no son difíciles. _Son fáciles_

13. Mis profesores no son malos. _Son buenos._

2.10   Traduzca al español.

1. Ana is very serious.

Ana es muy seria

2. Teresa and Ana are young and intelligent.

Teresa y Ana son jovenes y inteligentes

3. Mrs. Vidal is not a boring teacher.

Señora Vidal no es una maestra aburrida

2.11   Escriba una descripción de sí mismo (*of yourself*), usando muchos adjetivos descriptivos. [*Watch out for adjective agreement!*]

Yo... soy amable, inteligente y divertida.

Copyright © 1997 John Wiley & Sons

Nombre _Leyla Sanchez_ Fecha _____ Clase _____

ESTRUCTURA IV, *Indicating nationality:* **Adjetivos de nacionalidad** (libro de texto, p. 55)

2.12   Indique la nacionalidad de las personas que siguen.

Ejemplo   Sonia es de Rusia.
              Es rusa.

1. André es de Francia. _Es francés_

2. Faori y Eiji son de Japón. _Son japoneses_

3. María Cristina es de España. _Es española_

4. Heather y Victoria son de Inglaterra. _Son inglés_

5. Lisa y Cristina son de Portugal. _Son portuguesas_

6. Mark es de los Estados Unidos. _Es estadounidense_

7. Carmen es de Canadá. _Es canadiense_

8. Richard y Úrsula son de Alemania. _Son alemanes_

9. Lolita es de Puerto Rico. _Es puertoriqueña_

ESTRUCTURA V, *Indicating location:* **Estar + localización** (libro de texto, pp. 56–57)

2.13   ¿Dónde están las personas? Escriba oraciones o preguntas con la información que sigue. Use la forma correcta del verbo **estar** y el vocabulario que corresponde al lugar (*place*) indicado.

Ejemplo   mis padres/ (*residencia: 4803 Old Indian Road*)
              Mis padres están en casa.

1. mi hermano/ (*the Rockies*)

   Mi hermano está en the Rockies

2. mi amiga y yo/ (*UCLA*)

   Mi amiga y yo estamos en UCLA

3. mi hermano menor/ (*Carver Elementary*)

   Mi hermano menor está en Carver Elementary

4. (yo) / (*New York*)

Yo estoy en Nueva York

5. ¿(tú) / (*Daytona*)?

¿ *Estás tú en Daytona* ?

6. ¿ustedes / (*Millburn High*)?

¿ *Están ustedes en Millburn High* ?

7. mis tíos / (*IBM building, 5th floor*)

Mis tíos están en el trabajo

ESTRUCTURA VI, *Describing conditions:* **Estar** + **condición**
(libro de texto, p. 60)

2.14   Indique cómo están las personas según (*according to*) las situaciones que siguen.

Ejemplo   Anita recibe un cheque de $500.

Está contenta.

1. Camila y Natalia pasaron (*spent*) toda la noche estudiando en la biblioteca.

Están *cansadas.*

2. Hay un examen muy importante y muy difícil en la clase de cálculo.

Los estudiantes *están nerviosos* y *preocupados*

3. Hay muchos, muchos errores en los exámenes de los estudiantes.

¡La profesora *está enojada.* !

4. Los estudiantes no están contentos hoy.

Están tristes

5. La voz del profesor de historia es muy, muy monótona.

Los estudiantes *están aburridos.*

6. Simón va al hospital en una ambulancia.

Está enfermo

7. Simón no está bien.

Está mal.

Copyright © 1997 John Wiley & Sons

Nombre _Leyla Sanchez_ Fecha _____ Clase _____

ESTRUCTURA VII, *Describing people, places, and things:*
Ser y **estar** (libro de texto, pp. 62–63)

2.15 Describa a Eva. Complete las oraciones con la forma correcta de **ser**
o **estar.**

1. Eva ___está___ en la universidad.
2. ___es___ de México.
3. El padre de Eva ___es___ contador y su madre
___es___ abogada.
4. Los padres de Eva ___están___ en Los Ángeles.
5. Eva ___es___ muy amable.
6. ___es___ estudiante de medicina.
7. ___es___ alta y morena.
8. Hoy (*today*) Eva ___está___ cansada.
9. Estudia mucho. No ___es___ perezosa.
10. ___Está___ preocupada porque tiene un examen importante
mañana.

REPASO GENERAL: Capítulo 2

2.16 Conteste las preguntas con oraciones completas.

1. ¿Cuántos años tiene usted?

   Tengo veinte años

2. ¿Cuántos años tiene su padre? ¿y su abuelo?

   Mi padre tiene cuarenta y cinco años. No se.

3. ¿Tiene usted hermanos o hermanas? ¿Cuántos años tiene(n)?

   No, no tengo hermanos o hermanas.

4. ¿Cómo es su madre o su padre? ¿o su esposo(a)? ¿o su novio(a)?

   Mi madre es inteligente. Mi padre es amable

5. ¿Cómo es su casa?

   Mi casa es grande.

6. ¿Está su casa en el campo o en la ciudad?

   Mi casa está en el campo.

7. ¿Cómo son los estudiantes de la clase de español?

Los estudiantes están cansados

8. En este (*this*) momento, ¿está usted cansado(a)? ¿aburrido(a)? ¿triste?

Estoy cansada

2.17 Escriba una descripción de Esteban y Natalia. **a)** ¿Quiénes (*Who*) son? **b)** ¿Cómo es Esteban? ¿y Natalia? (años, personalidad, características personales, etc.) **c)** ¿Cómo está Esteban en este momento? ¿y Natalia? **d)** ¿Dónde están ellos en este momento?

[*After you complete your work, check for correct usage of **ser** and **estar**. Also check for correct agreement of adjectives and nouns.*]

_____

_____

_____

_____

_____

_____

[Check your answers with those given in the *Answer Key* and make all necessary corrections with a pen or pencil of a different color.]

Copyright © 1997 John Wiley & Sons

Leyla Sanchez

Ejercicios escritos: Capítulo 3

VOCABULARIO: En el mercado (libro de texto, pp. 72–73)

3.1 Crucigrama: las frutas.

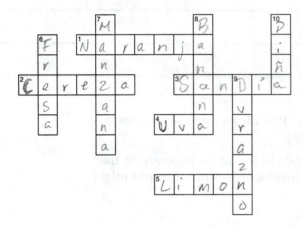

Horizontal

1. Una fruta muy popular en la Florida.
2. Una fruta pequeña que asociamos con George Washington.
3. Una fruta muy grande que asociamos con los picnics.
4. Las viñas (*vineyards*) de Napa Valley, California producen esta fruta.
5. Una fruta que usamos para hacer (*to make*) limonada.

Vertical

6. Uno de nuestros sabores (*flavors*) favoritos de helado (*ice cream*) es de esta fruta pequeña.
7. Un pastel (*pie*) muy típico de los Estados Unidos se hace (*is made*) con esta fruta.
8. "Chiquita®" es una marca (*brand*) famosa de esta fruta.
9. Una fruta muy popular en el estado de Georgia.
10. Una fruta muy típica de Hawai.

3.2 Usted está organizando su menú para (*for*) la semana. ¿Qué comidas (*foods*) prefiere usted para la cena (*dinner*)? Escriba un menú para cada (*each*) día de la semana. Seleccione una comida de cada columna según (*according to*) sus preferencias. Varíe su menú.

#1	**#2**	**#3**
jamón	arroz	guisantes
pollo	patatas, papas	judías verdes
bistec	frijoles	maíz
chuletas de cerdo	pasta	zanahorias
langosta		lechuga
camarones		tomate
pescado		

Ejemplo   El lunes: **chuletas de cerdo, papas, judías verdes**

El martes: _____

El miércoles: _____

El jueves: _____

El viernes: _____

3.3 ¡Vamos a leer! Lea el anuncio (*ad*) de "Pan Bimbo" que se encuentra en la página 29. Conteste las preguntas.

Reading Hint: Guess the meaning of words in the ad (a) by studying the pictures and (b) by the context of words surrounding a word that you might not know.

1. ¿Qué significa **pan** en inglés?

    pan = _____.

2. ¿Cuáles son los ingredientes que se recomiendan para el sandwich? _____ _____

    _____ _____ y

    _____

3. ¿Puede usted adivinar lo que significa **queso** en inglés? **queso** =

    _____.

4. De los ingredientes que se ven (*are seen*) en los platos, ¿qué ingredientes para sandwiches reconoce (*recognize*) usted?

    _____, _____ y

    _____

5. ¿Puede usted (*Can you*) identificar el aguacate? ¿Qué significa **aguacate** en inglés? **aguacate** = _____.

6. ¿Cuál es el ingrediente indispensable para convertir el sandwich en un "supersandwich"? _____.

7. Según el anuncio, ¿cómo es la vida (*life*) con Pan Bimbo?

    _____

Copyright © 1997 John Wiley & Sons

Nombre _Leyla Sanchez_ Fecha _____ Clase _____

ESTRUCTURA I, *Talking about actions in the present:*
El presente de los verbos regulares -ar, -er, -ir
(libro de texto, pp. 76–80)

3.4 Indique (a) si (*if*) los estudiantes en general hacen (*do*) o no hacen lo
siguiente y (b) si usted hace o no hace las mismas cosas (*same things*).

> **Ejemplo**   *estudiar* en la biblioteca
> (a) **Sí, los estudiantes *estudian* en la biblioteca.**
> (b) **No, no *estudio* en la biblioteca.**

1. *estudiar* los fines de semana

(a) _____

(b) _____

2. *asistir* a clase los sábados

(a) _____

(b) _____

3. *desayunar* todas las mañanas

(a) _____

(b) _____

4. *trabajar* por la noche

(a) _____

(b) _____

5. *hablar* mucho por teléfono

(a) _____

(b) _____

6. *comer* en la cafetería

(a) _____

(b) _____

7. *vivir* en las residencias estudiantiles

(a) _____

(b) _____

Copyright © 1997 John Wiley & Sons

Nombre _Layla Sanchez_ Fecha _____ Clase _____

3.5 ¿Qué hacen ustedes normalmente? Conteste las preguntas.

Ejemplo Normalmente (*Usually*)...
   ¿Llegan ustedes a clase tarde o a tiempo?
   Normalmente llegamos a tiempo.

Normalmente...

1. ¿Cenan ustedes en la cafetería, en su casa o en un restaurante?

   _____

2. ¿Compran sus cuadernos, lápices y bolígrafos en la librería de la universidad o en el centro (*downtown*)?

   _____

3. ¿Estudian ustedes en la biblioteca, en la residencia estudiantil o en casa?

   _____

4. ¿Aprenden mucho o poco en su clase de español?

   _____

5. ¿Escriben las respuestas a los ejercicios del cuaderno (*workbook*) todos los días o una vez (*once*) por semana?

   _____

3.6 ¡Preguntas y más preguntas!

A. Hágale preguntas (*ask questions*) a su amiga Linda.

Ejemplo *trabajar* todos los días
   ¿*Trabajas* todos los días?

1. *asistir* a muchos conciertos de "rock"

   _____

2. *beber* Coca-Cola todos los días

   _____

3. *preparar* comida para tus amigas todos los días

_____

B. Hágales preguntas a Esperanza y a Jaime, sus amigos de España.

Ejemplo   *estudiar* inglés
    ¿Estudiáis inglés?

1. *tomar* clases en la universidad

_____

2. *comer* en la cafetería

_____

3. *vivir* en la residencia estudiantil

_____

C. Ahora, hágale preguntas a su profesor(a) de español.

Ejemplo   *desayunar* en la cafetería
    ¿Desayuna usted en la cafetería?

1. *hablar* español en casa

_____

2. *comer* comida española con frecuencia

_____

3. *vivir* cerca de (*near*) la universidad

_____

3.7 Traduzca al español.

1. We need to study a lot tonight.

_____

2. Do you (familiar) want to go to the library or to the gym?

_____

Copyright © 1997 John Wiley & Sons

Nombre _Leyla Sanchez_ Fecha _____ Clase _____

BIEN DICHO: ¿Cuándo? (libro de texto, p. 80)

3.8 Indique cuándo ocurren los incidentes. Complete con las palabras apropiadas.

1. Mis amigos no llegan hoy. Llegan _____.

2. No deseo comer ahora. Deseo comer _____

   _____.

3. ¡Pobre Miguel! Necesita trabajar todo el día y toda _____

4. No asistimos a clase por la noche. Asistimos a clase _____

   _____ _____ y _____ _____

   _____.

5. Los estudiantes no llegan a clase tarde. Llegan _____

   o llegan _____ _____.

6. No deseamos estudiar esta tarde. Deseamos estudiar _____

   _____.

7. Necesitamos practicar el español todos _____

   _____.

BIEN DICHO: Más comida y las bebidas
(libro de texto, pp. 82–84)

3.9 Identifique la comida.

1. La comida principal de la mañana es el _____.

2. La comida principal de la tarde es el _____.

3. La comida principal de la noche es la _____.

4. La combinación de tomate, lechuga, cebollas, etc. normalmente es

   una _____.

5. En la ensalada usamos aceite y _____.

6. Frecuentemente comemos hamburguesas con papas

   _____.

7. Los huevos necesitan sal y _____.

8. El pan tostado necesita mantequilla y _____.

9. Tomamos el café con crema y _____.

10. En una comida elegante muchas personas beben

    _____.

11. El té con hielo no está caliente. Está _____.

12. La leche, el café, el jugo, etc. son _____.

13. El helado, la torta, el pastel, etc. son _____.

3.10   Complete para indicar sus comidas favoritas.

1. Mi desayuno favorito

   comidas: _____

   bebidas: _____

2. Mi almuerzo favorito

   comidas: _____

   bebidas: _____

3. Mi cena favorita

   comidas: _____

   bebidas: _____

3.11   ¡Vamos a leer! Lea el anuncio que se encuentra en la página 35 y complete el ejercicio.

Reading Hints: (a) When you read an ad, anticipate the subject matter by the symbols used. This ad is for Pepto-Bismol, thus, you can predict that it will have something to do with stomach problems. (b) As always, pick out the words that you can identify or can guess by context. (c) It is also helpful to try to identify meaning by associating the root or a part of a word with a word that you already know. What do you think **comió** (the past tense of a verb you know) and **malestar** mean?

Estudio de palabras

1. Las siguientes palabras del anuncio son muy similares a su equivalente en inglés. ¿Qué significan en inglés?

   lamentar = _____   **estomacales** = _____

   causados = _____   **remedio** = _____

2. Las siguientes palabras tienen una raíz (*root*) o una parte que usted puede (*can*) reconocer.

   comió es una forma del verbo _____

   malestar representa dos palabras que usted reconoce:

   _____ y _____

3. Estudie la frase: "malestares estomacales causados por comer o tomar **demasiado**..." ¿Qué significa la palabra **demasiado** en inglés?

   demasiado = _____

Copyright © 1997 John Wiley & Sons

Nombre _Leyla Sanchez_ Fecha _____ Clase _____

Si comió más de la cuenta y ahora lo lamenta...

HAMBURGUESA 99¢
ENCHILADA 79¢
HOT DOG $1.00
TAMALES 50¢
PAPAS FRITAS 50¢
REFRESCOS 65¢

...recuerde que para la mayoría de los malestares estomacales causados por comer o tomar demasiado...

...el remedio es el mismo.

Pepto-Bismol

(continuado)

Preguntas

1. A veces (*Sometimes*), ¿come usted demasiado?

   _____

2. Si usted come demasiado y tiene malestares estomacales, según el anuncio, ¿cuál es el remedio?

   _____

3. Es la hora del almuerzo y usted tiene mucha hambre. Seleccione tres comidas/bebidas del menú presentado con el anuncio. Luego escriba el precio. Deletree el número ($ = **dólar;** ¢ = **centavo**)

comida/bebida   *precio*

_____   _____

_____   _____

_____   _____

ESTRUCTURA II, *Asking for specific information:*
Palabras interrogativas (libro de texto, pp. 90–91)

3.12 Combine cada palabra interrogativa (*Columna A*) con la información que le corresponde (*Columna B*). Escriba las preguntas.

Columna A	*Columna B*
1. ¿Cuándo...	...de los postres deseas?
2. ¿Dónde...	...es esa (*that*) mujer?
3. ¿Qué...	...preparan el pescado? ¿frito o al horno (*baked*)?
4. ¿Quién...	...cuesta (*costs*) la cena completa?
5. ¿Cómo...	...tipo de comida sirven?
6. ¿Cuál...	...vas a cenar? ¿ahora o más tarde?
7. ¿Cuánto...	...está el restaurante?

1. ¿Cuándo _____

2. _____

3. _____

4. _____

5. _____

6. _____

7. _____

Copyright © 1997 John Wiley & Sons

Nombre _Leyla Sanchez_ Fecha _____ Clase _____

3.13 Escriba un diálogo imaginario entre (*between*) usted y un(a)
amigo(a). Usted hace las preguntas. Él/Ella contesta.

> **Ejemplo**   de dónde *ser*
>
> YO: **¿De dónde *eres*?**
>
> ÉL/ELLA: **Soy de Tejas,** etc.

1. cuántos hermanos o hermanas *tener*

   YO: _____

   ÉL/ELLA: _____

2. dónde *trabajar*

   YO: _____

   ÉL/ELLA: _____

3. qué días *asistir* a la clase de español

   YO: _____

   ÉL/ELLA: _____

4. adónde *ir* normalmente después de (*after*) la clase de español

   YO: _____

   ÉL/ELLA: _____

5. cuándo *estudiar*

   YO: _____

   ÉL/ELLA: _____

ESTRUCTURA III, *Expressing likes and dislikes:*
Gustar (libro de texto, pp. 92–94)

3.14 Usted va al supermercado y tiene una lista de las cosas (*things*) que
usted desea comprar para sí mismo(a) (*for yourself*) y para sus
amigos. Según la lista, indique las comidas que **le gustan a usted** y
las comidas que **les gustan a sus amigos.** Complete las oraciones.

Lista para el mercado:

helado de chocolate } para mí
galletas

bananas } para Carmen
jugo de naranja

Coca-Cola } para José y Raúl
perros calientes

1. A mí *me gusta el helado de chocolate.* _____

2. A mí también (*also*) _____

3. A Carmen _____

4. A Carmen también _____

5. A José y a Raúl _____

6. A José y a Raúl también _____

3.15 Traduzca al español.

1. Juan, do you like to eat here?

   _____

2. Carlos likes the desserts.

   _____

3. I like the chocolate cake.

   _____

4. We don't like the coffee.

   _____

Copyright © 1997 John Wiley & Sons

Nombre _Leyla Sanchez_ Fecha _____ Clase _____

3.16 Indíque qué frutas le gustan a Antonio Tucán según la caricatura. En cada oración repita **A Antonio Tucán...** e incluya una fruta que le gusta a él.

1. A Antonio Tucán _____

2. _____

3. _____

4. _____

5. _____

REPASO GENERAL: Capítulo 3

3.17 Conteste las preguntas con oraciones completas.

1. ¿Cuál es su clase favorita?

_____

2. ¿Qué materias (*subjects*) necesita usted estudiar esta noche?

_____

3. Normalmente ¿cuántas horas estudia usted por la noche?

_____

4. ¿Dónde desayuna usted?

_____

5. Cuando usted tiene hambre y es la hora de la cena, ¿qué come?

_____

6. Cuando tiene sed, ¿qué bebe?

_____

7. ¿Adónde le gusta a usted ir los fines de semana?

_____

8. A usted y a sus amigos, ¿les gusta asistir a conciertos de música? ¿Qué música les gusta más?

_____

3.18   Haga un autorretrato (*self-portrait*) en el espacio indicado.

Ahora descríbase (*describe yourself*). Indique **a)** de dónde es usted; **b)** cómo es usted (descripción); **c)** cuántos años tiene; **d)** qué comidas le gustan o no le gustan; **e)** cuánto/cuándo trabaja y estudia; **f)** qué estudia.

_____   _____

_____

_____

_____

_____

[Check your answers with those given in the *Answer Key* and make all necessary corrections with a pen or pencil of a different color.]

Copyright © 1997 John Wiley & Sons

Ejercicios escritos: Capítulo 4

VOCABULARIO: Los pasatiempos y los deportes
(libro de texto, pp. 107–108, 111)

4.1 Crucigrama.

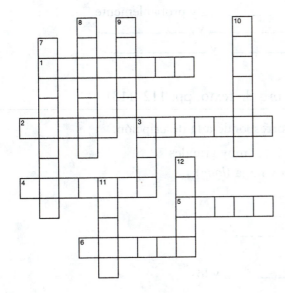

Horizontal

1. Lo que hacemos con la música.
2. Mover el cuerpo en el agua.
3. Lo que hacemos cuando nuestro cuarto está muy, muy sucio (*dirty*).
4. Lo que hacemos con el coche.
5. Lo que hacemos con la televisión.
6. Mover el cuerpo al ritmo de la música.

Vertical

3. Lo que hacemos con un libro.
7. Lo que hacemos cuando estamos muy cansados.
8. Preparar la comida.
9. Lo que hacemos con la guitarra.
10. Lo que hacemos con los esquíes.
11. Aquí está la pelota. Vamos a...al voleibol.
12. Usar cigarrillos.

4.2   ¿Cuáles son los pasatiempos favoritos [verdaderos (*real*) y probables]
de Miguelito y de Antonio? Use la imaginación. ¿Y cuáles son los
pasatiempos favoritos de usted? Complete las oraciones.

1. A Miguelito le gusta _____, y probablemente también le
   gusta _____ y _____.
2. A Antonio le gusta _____ _____ y probablemente
   también le gusta _____, _____ y _____.
3. A mí me gusta _____, _____ y _____.

BIEN DICHO: El cuerpo humano (libro de texto, pp. 112–113)

4.3   Complete con la parte del cuerpo que corresponde a la descripción.

1. El elefante "Dumbo" tiene _____ muy grandes.
2. Pinocho tiene una _____ muy larga (*long*).
3. Para comer usamos la _____.
4. El dentista nos limpia los _____.
5. Para besar (*kiss*) usamos los _____.
6. Para mirar usamos los _____.
7. Para tocar el piano usamos las _____ y los
   _____.
8. Para levantar pesas usamos los _____.
9. Para correr usamos las _____ y los _____.

ESTRUCTURA I, *Indicating the person that is the object of your attention:* El *a* personal (libro de texto, pp. 115–116)

4.4   Imagine que usted tiene un(a) novio(a) muy especial. Describa la
relación entre (*between*) usted y él o ella. Escriba oraciones usando las
palabras indicadas. Utilice el **a** personal cuando sea necesario.

Ejemplo   *amar*/mi novio(a)
   ***Amo a* mi novio(a).**

Copyright © 1997 John Wiley & Sons

1. *abrazar*/mi novio(a) todos los días

   _____

2. *besar*/mi novio(a) frecuentemente

   _____

3. *llamar*/mi novio(a) por teléfono todas las noches

   _____

4. con frecuencia *mirar*/la televisión con él/ella

   _____

5. con frecuencia *comprar*/regalos (*gifts*) especiales para él/ella

   _____

4.5 Traduzca al español. Preste (*Pay*) atención a la contracción (**a + el = al**).

1. The nurse is looking at the patient (**el paciente**).

   _____

2. She is worried.

   _____

3. She is looking for the doctor.

   _____

4. She needs to call the family.

   _____

ESTRUCTURA II, *Talking about a wider variety of activities (in the present):* **Verbos con la forma *yo* irregular** (libro de texto, pp. 117–118)

4.6 Todos los sábados usted y su amigo Juan van al parque y hacen un picnic. Escriba oraciones con la información que sigue para indicar lo que **usted** hace y lo que **Juan** hace.

Ejemplo   (*poner*) la pelota de voleibol en mi coche/las pelotas y las raquetas de tenis en su coche

Yo *pongo* la pelota de voleibol en mi coche y Juan *pone* las pelotas y las raquetas de tenis en su coche.

1. (*hacer*) los sandwiches/la limonada

_____

_____

2. (*traer*) toda la comida/las bebidas y el hielo

_____

_____

3. (*poner*) la comida en mi coche/las bebidas en su coche

_____

_____

4. (*conducir*) el Jeep/el Ford

_____

_____

5. (*salir*) de la universidad a las 11:00/a las 11:30

_____

_____

6. (*ver*) a todos mis amigos en el parque/a su novia

_____

_____

4.7   **¿Saber o conocer?** Escriba oraciones con las palabras indicadas y la forma correcta de **saber** o **conocer**.

Ejemplo   mis amigos/la ciudad

Mis amigos *conocen* la ciudad.

(ellos)/dónde hay buenas canchas de tenis

***Saben* dónde hay buenas canchas de tenis.**

1. (yo)/a María Luisa

_____

Copyright © 1997 John Wiley & Sons

2. (yo)/su número de teléfono

_____

3. ¿(tú)/dónde vive ella?

_____

4. ¿(tú)/bien esa (*that*) parte de la ciudad?

_____

5. María Luisa/bailar muy bien

_____

6. (ella) también/tocar el piano

_____

7. ¿(vosotros)/tocar algún instrumento musical?

_____

ESTRUCTURA III, *Talking about the weather and the seasons:* El tiempo y las estaciones (libro de texto, pp. 123–124)

4.8 Indique qué tiempo hace según la situación.

1. Es invierno en Alaska. _____ _____.
2. Es verano y estamos en la Florida. _____ _____.
3. Es primavera. Es un día perfecto. _____ _____ _____.
4. Es un día feo. _____ _____ _____.
5. Es otoño. No hace mucho calor y no hace mucho frío.

   _____ _____.
6. No podemos ver el sol hoy. _____ _____.
7. Necesitamos nuestros paraguas (*umbrellas*). Está _____ hoy. _____ mucho aquí. No me gusta la _____.
8. Estamos en Montana en invierno y vamos a construir un muñeco de nieve (*snowman*). ¡Me gusta la _____!
9. Estamos en la playa. Los barcos de vela (*sailboats*) avanzan muy rápido. _____ mucho _____.

4.9 Traduzca al español.

1. What's the weather like today?

_____

2. Is it raining?

_____

3. No. It's very cold! Aren't you cold?

_____

4. No! It's sunny! I'm hot.

_____

ESTRUCTURA IV, *Talking about a wider variety of activities in the present:* **Verbos con cambios en la raíz**
(libro de texto, pp. 127–128)

4.10 Imagine que usted habla con dos amigos. Usted les hace muchas preguntas. (*You ask them many questions.*) Escriba las preguntas según la información que sigue. Escriba lo que ellos contestan.

> **Ejemplo** normalmente, cuántas horas *dormir* ustedes cada noche
>
> (*pregunta*) **Normalmente, ¿cuántas horas *duermen* ustedes cada noche?**
>
> (*respuesta posible*) ***Dormimos* siete horas.**

1. dónde *almorzar* ustedes

(*pregunta*) _____

(*respuesta*) _____

2. en los restaurantes, qué comida *pedir* ustedes con frecuencia

_____

_____

3. qué bebidas *preferir* ustedes

_____

_____

Copyright © 1997 John Wiley & Sons

4. qué *querer* hacer ustedes esta noche

_____

_____

5. qué *pensar* hacer ustedes esta noche

_____

_____

6. cuándo *poder* ustedes salir

_____

_____

4.11 Conteste las preguntas de su amigo(a).

1. ¿Vienes a clase con toda la tarea preparada?

_____

2. Al entrar (*Upon entering*) en la clase, ¿dices, "Buenos días, profesor(a)"?

_____

3. ¿Entiendes todo lo que dice el profesor/la profesora?

_____

4. ¿Puedes contestar todas las preguntas?

_____

5. ¿Prefieres la clase de español o la clase de matemáticas?

_____

4.12 Traduzca al español.

1. I often (**frecuentemente**) think about my friends from high school.

_____

2. I intend to call one of my friends (f.) tonight.

_____

3. She plays tennis.

_____

4. If **(Si)** she can come to the university, we can play on the new courts **(canchas).**

_____

BIEN DICHO: ¿Está usted enfermo(a)? (libro de texto, p. 131)

4.13   ¿Qué problema tiene usted?

1. No quiero comer más helado. Tengo un _____ de _____ horrible.
2. No puedo ni hablar ni cantar. Tengo un _____ de _____ terrible.
3. No puedo leer más. Tengo _____ de _____.
4. ¡Ay! ¡Necesito más Kleenex®! Tengo un _____.
5. Dos síntomas de la gripe son _____ y _____.

4.14   ¡Vamos a leer! Lea el anuncio que se encuentra en la página 49. Luego conteste las preguntas.

Reading Hint: Try to understand the meaning of key words by their context and by visual symbols. Remember that you do not need to understand every word in order to understand the main idea.

Estudio de palabras

1. ¿Este anuncio promociona el producto _Robitussin_ en forma líquida o en pastillas?

_____

   Estudie la frase: "**pastillas**...para gargantas irritadas..." ¿Puede usted adivinar (_guess_) lo que significa en inglés la palabra **pastillas**? **pastillas** = _____
2. Estudie la frase: "En deliciosos **sabores** concentrados: Miel-limón, Mentol-eucalipto, cereza..." ¿Qué significa en inglés la palabra **sabores**? **sabores** = _____
3. Estudie la frase: "_Robitussin_ **ayuda** a **aliviar** las irritaciones causadas por gripe o resfriado..." ¿Qué significan en inglés las palabras **ayuda** y **aliviar**? **ayuda** = _____; **aliviar** = _____

Copyright © 1997 John Wiley & Sons

Nombre _____ Fecha _____ Clase _____

Preguntas

1. ¿Para qué tipo de dolor o irritación son las pastillas de *Robitussin*?

_____

2. ¿Qué sabores ofrecen (*offer*)?

_____

(continuado)

3. ¿Cuáles son algunas de las causas de la irritación de garganta?

_____

BIEN DICHO: Preferencias y obligaciones
(libro de texto, p. 131)

4.15 Leti es muy organizada. Tiene una lista de las cosas que va a hacer el sábado. Indique las cosas que ella **tiene que hacer** (obligaciones) y las cosas que **tiene ganas de hacer** (deseos) según cada actividad en la lista.

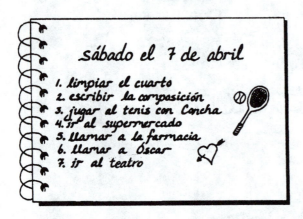

sábado el 7 de abril

1. limpiar el cuarto
2. escribir la composición
3. jugar al tenis con Concha
4. ir al supermercado
5. llamar a la farmacia
6. llamar a Óscar
7. ir al teatro

1. Tiene que _____

2. _____

3. _____

4. _____

5. _____

6. _____

7. _____

4.16 Conteste las preguntas personales con oraciones completas.

1. ¿Qué tiene que hacer usted esta noche?

_____

2. ¿Qué debe hacer usted mañana?

_____

Copyright © 1997 John Wiley & Sons

Nombre _____ Fecha _____ Clase _____

3. ¿Qué tiene ganas de hacer usted este fin de semana?

_____

ESTRUCTURA V, *Making future plans:* ***Ir + a +* infinitivo**
(libro de texto, pp. 133–134)

4.17 Según los dibujos, indique los que usted y sus amigos(as) **van a hacer.**

1.

Esta tarde, yo... *voy a* _____

2.

Esta tarde, Manuel... _____

3.

Esta noche, ¿tú... _____

4.

Esta noche, Rubén... _____

5.

Este fin de semana, Carmen y Alfonso... _____

6.

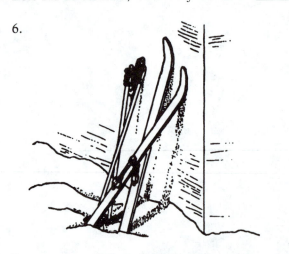

La semana próxima, Octavio y yo... _____

REPASO GENERAL: Capítulo 4

4.18   Conteste las preguntas con oraciones completas.

1. ¿Qué tiempo hace hoy?

   _____

2. ¿Cuál es su estación favorita? ¿Por qué?

   _____

3. ¿A qué hora de la mañana sale usted de la residencia estudiantil o de su casa o apartamento?

   _____

4. En la clase de español, ¿a quién conoce usted muy bien?

   _____

Copyright © 1997 John Wiley & Sons

Nombre _____ Fecha _____ Clase _____

5. ¿Qué hace usted normalmente los lunes por la noche?

_____

6. ¿Qué prefiere hacer usted los sábados?

_____

7. ¿Qué no quiere hacer usted ahora?

_____

8. ¿Qué sabe hacer usted muy bien? (talentos especiales)

_____

9. ¿Qué tiene que hacer usted todos los lunes?

_____

10. ¿Qué tienen ganas de hacer usted y sus amigos los viernes por la noche?

_____

11. ¿Qué va a hacer usted esta noche?

_____

4.19 Escriba una descripción de Camila. **a)** ¿Cómo es? **b)** ¿Cómo está? **c)** ¿Qué hace? **d)** ¿Qué tiene que hacer? **e)** ¿Qué tiene ganas de hacer? **f)** ¿Qué *va a hacer* más tarde? ¡Use la imaginación!

_____

_____

(continuado)

_____

_____

_____

_____

[Check your answers with those given in the *Answer Key* and make all
necessary corrections with a pen or pencil of a different color.]

Copyright © 1997 John Wiley & Sons

Ejercicios escritos: Capítulo 5

VOCABULARIO: La ropa (libro de texto, pp. 144–145)

5.1 Crucigrama.

Horizontal

1. Donde las mujeres llevan su dinero (*money*), gafas, etc.

2. Lo que llevamos cuando llueve.

3. Tipo de abrigo que llevamos cuando llueve.

4. Cuando hace mucho, mucho frío, debemos llevar un...

5. Lo que las mujeres llevan a una fiesta muy elegante.

6. Lo que miramos para averiguar (*find out*) la hora.

7. Llevamos éstas en los pies cuando nieva.

8. A un restaurante elegante, los hombres llevan chaqueta y...

9. Lo que las mujeres llevan en las piernas.

10. Lo que llevamos en las manos cuando hace frío.

Vertical

11. Lo que las mujeres llevan en la cabeza cuando están en la playa y hace sol.

12. Lo que llevamos en los pies.

13. Las mujeres llevan blusa. Los hombres llevan...

14. Combinación de chaqueta y pantalones o falda.

15. Frecuentemente es de cuero. Los hombres lo llevan con los pantalones.

16. Los jugadores de béisbol y muchos estudiantes los llevan en la cabeza.

5.2 ¡Vamos a leer! Lea el anuncio y complete el ejercicio que sigue.

Reading Hint: As you read this add for tuxedos **(smokings),** etc., take note of the many words that are similar to their English equivalents. Try to guess the meaning of other words by association or by context.

Estudio de palabras

1. Haga una lista de diez palabras del anuncio que son muy similares a su equivalente en inglés. Traduzca las palabras al inglés.

español	*inglés*		*español*	*inglés*
a) _____	_____	f) _____	_____
b) _____	_____	g) _____	_____
c) _____	_____	h) _____	_____
d) _____	_____	i) _____	_____
e) _____	_____	j) _____	_____

2. ¿Qué verbo asocia usted con la palabra **venta?** _____

3. El anuncio dice que la tienda ofrece **venta** de smokings y **alquiler** de smokings. ¿Puede usted adivinar (*guess*) lo que significa **alquiler** en inglés? **alquiler** = _____

4. ¿Qué dos palabras asocia usted con la palabra **quinceañeras?**
   _____ _____

   (**Quinceañeras** son celebraciones muy importantes en México y en otros países del mundo hispano.)

5. El anuncio dice que el smoking del novio es **gratis** con grupos de seis o más. ¿Puede usted adivinar lo que significa **gratis** en inglés? **gratis** = _____

Copyright © 1997 John Wiley & Sons

Nombre _____ Fecha _____ Clase _____

Preguntas

1. ¿En qué ciudad se encuentra (*is found*) "Lloyd's Formal Wear"?

   _____

2. ¿En qué tipo de ropa formal se especializan?

   _____

3. ¿Le gusta a usted llevar ropa formal?

   _____

4. Si usted va a la boda (*wedding*) de un(a) amigo(a), ¿qué ropa lleva usted?

   _____

5. ¿Qué ropa prefiere usted llevar cuando viene a la universidad?

   _____

BIEN DICHO: ¿Cuándo?; Otras palabras útiles
(libro de texto, pp. 146, 147)

5.3 Complete la oración con la palabra de significado contrario.

1. Tu ropa no está limpia. ¡Está _____!
2. La falda de Mónica no es larga. ¡Es muy _____!
3. La chaqueta de cuero que quiero comprar no es barata. Es
   _____.
4. ¿Siempre vas de compras solo(a)? ¡No! _____ voy de
   compras solo(a). Voy con mis amigas.

BIEN DICHO: Los colores (libro de texto, p. 149)

5.4 Indique el color.

1. Las bananas son _____.
2. Las fresas y las cerezas son _____.
3. La parte exterior de la sandía es _____.
4. Las naranjas son _____.
5. Con frecuencia las cebollas son _____.

ESTRUCTURA I, *Pointing out things and persons:*
Los demostrativos (libro de texto, p. 151)

5.5 Usted va a una joyería con una amiga que va a comprar muchas joyas. Usted le hace preguntas a ella para averiguar (*to find out*) lo que va a comprar. Complete las preguntas con la forma correcta del demostrativo (adjetivos y pronombres).

1. ¿Vas a comprar _____ anillo (aquí) o _____ (allí)?

2. ¿Prefieres _____ pulseras (aquí) o _____ (allí)?

3. ¿Te gustan _____ pendientes (aquí) o _____ (allí)?

4. ¿Te gusta _____ cadena de oro (aquí) o _____ (allí)?

5.6 Traduzca al español.

1. I'm not going to buy this sweater. I prefer that one (*there*).

   _____

2. Antonio, do you see that blue jacket (*way over there*)? It costs $50 **(dólares)**!

   _____

3. These shirts are not expensive. Those (*there*) cost $20.

   _____

ESTRUCTURA II, *Indicating possession:* Posesión con *de*
(libro de texto, p. 157)

5.7 ¿De quién son?

A. Diga de quién son las cosas que siguen. Escriba oraciones completas con las palabras indicadas y la preposición **de**.

1. los guantes/ser/mi hermano

   _____

2. las botas/ser/mi hermana menor

   _____

3. la gorra de lana/ser/el instructor de esquí

   _____

Copyright © 1997 John Wiley & Sons

Nombre _____ Fecha _____ Clase _____

4. el abrigo/ser/la instructora de esquí

_____

B. Ahora escriba preguntas para averiguar **de quién** son las cosas que siguen.

1. ¿ser/este suéter?

   ¿De quién... _____

2. ¿ser/esta chaqueta?

   _____

3. ¿ser/estos pantalones?

   _____

4. ¿ser/estos esquíes?

   _____

ESTRUCTURA III, *Emphasizing possession:* **Los adjetivos y pronombres posesivos** (libro de texto, pp. 158–159)

5.8 Indique de quién son las cosas que siguen. Conteste las preguntas. Use el adjetivo posesivo.

   Ejemplo   Ese impermeable gris, ¿es de Susana?

   Sí, es *suyo.*

1. Ese reloj, ¿es tuyo?

   _____

2. Esas gafas de sol, ¿son tuyas?

   _____

3. Esa bolsa azul, ¿es de Anita?

   _____

4. Esa cartera negra, ¿es de Pedro?

   _____

5. Esas camisetas, ¿son de ustedes?

_____

6. Esos sombreros de playa, ¿son de ustedes?

_____

5.9   Traduzca al español.

1. A friend (f.) of mine is wearing my jacket.

_____

2. Whose is this blue umbrella? Is it yours (*familiar*)?

_____

3. It's not mine. It's Anita's.

_____

4. Her raincoat is here also **(también).**

_____

5.10   ¿De quién son los pantalones? ¿Qué dice Antonio? ¿y Miguelito?
¿y Julia?

1. Antonio dice que... _____

2. Miguelito... _____

3. Julia... _____

4. ¿Cómo sabe Julia que los pantalones son del hombre? _____

_____

Copyright © 1997 John Wiley & Sons

ESTRUCTURA IV, *Counting from 100:* **Los números de cien a...**
(libro de texto, pp. 160–161)

5.11 Leti está en el mercado público de Mérida, Venezuela. Está comprando regalos para su familia y para sus amigos. Tiene una lista de los regalos comprados (*bought*) y de los precios [en bolívares, la moneda (*currency*) de Venezuela]. Escriba el precio de cada artículo en bolívares y el precio total en bolívares y en dólares.

Mi lista de regalos

para mamá	– suéter	1200	Bs.
para Sonia	– bolsa	720	Bs.
para papá	– cartera	504	Bs.
para abuelito	– cinturón	350	Bs.
para abuelita	– blusa	960	Bs.
para Óscar	– hamaca	690	Bs.
	TOTAL	4424	Bs.

aproximadamente $75.00

1. suéter: _____

2. bolsa: _____

3. cartera: _____

4. cinturón: _____

5. blusa: _____

6. hamaca: _____

7. Total (Bs): _____

8. Total ($): _____

ESTRUCTURA V, *Indicating dates:* **¿Cuál es la fecha?**
(libro de texto, p. 164)

5.12 Escriba los meses que corresponden a las estaciones.

1. En la América del Norte los meses del invierno son diciembre,

   _____ y _____.

2. Los meses de la primavera son marzo, _____ y

   _____.

3. Los meses del verano son junio, _____ y

_____ .

4. Los meses del otoño son septiembre, _____ y

_____ .

5.13 Algunos amigos hispanos suyos quieren saber la fecha de ciertos
eventos históricos de los Estados Unidos. Escriba la fecha completa
de cada evento.

evento	*día*	*mes*	*año*
1. la independencia	4	7	1776
2. el ataque a Pearl Harbor	7	12	1941
3. el fin de la Guerra Civil	9	4	1865
4. el primer viaje (*trip*) espacial a la luna (*moon*)	20	7	1969

ESTRUCTURA VI, *Indicating that an action has been going on for a period of time:* **Hacer para expresar tiempo** (libro de texto, p. 166)

5.14 ¿Cuánto tiempo hace? Escriba oraciones con las palabras indicadas.
Use la forma **hace + tiempo + que...**

1. tres meses (yo)/llevar lentes de contacto

_____

2. dos días/Miguel/llevar esos calcetines

_____

3. un año/Marta y yo/trabajar en la tienda de ropa

_____

5.15 Traduzca al español.

1. Ana, how long have you been here?

_____

Copyright © 1997 John Wiley & Sons

Nombre _____ Fecha _____ Clase _____

2. We have been here for half an hour.

_____

3. Martín and Eva have been dancing for fifteen minutes.

_____

ESTRUCTURA VII, *Emphasizing that an action is in progress:* **El presente progresivo** (libro de texto, pp. 168–169)

5.16 Los estudiantes están en la residencia estudiantil. ¿Qué están haciendo? Escriba las oraciones otra vez (*again*) para indicar lo que está ocurriendo **ahora.**

Ejemplo Natalia mira la televisión.
Está mirando la televisión *ahora.*

1. Rubén limpia su cuarto.

_____

2. Alfonso y Javier estudian.

_____

3. Escribo los ejercicios en el cuaderno.

_____

4. Natalia lee una novela.

_____

5. Esteban duerme.

_____

6. Escuchamos una canción de Jon Secada.

_____

REPASO GENERAL: Capítulo 5

5.17 Conteste las preguntas con oraciones completas.

1. ¿Cuál es la fecha de hoy? (día, mes, año)

_____

2. ¿Cuál es la fecha de su cumpleaños? (día, mes, año)

_____

3. ¿Cuánto tiempo hace que usted estudia en la universidad?

_____

4. ¿De quién es el bolígrafo o el lápiz que usted está usando para escribir estos ejercicios?

_____

5. Es lunes por la noche. ¿Qué están haciendo sus amigos?

_____

6. Es sábado por la noche. ¿Qué están haciendo sus amigos?

_____

5.18 Escriba una descripción de Octavio, etc. Indique: **a)** dónde está; **b)** el tiempo; **c)** la estación y la probable fecha; **d)** la ropa que lleva; **e)** lo que está haciendo en este momento; **f)** cuánto tiempo hace que sabe esquiar.

_____

_____

_____

_____

_____

[Check your answers with those given in the *Answer Key* and make all necessary corrections with a pen or pencil of a different color.]

Copyright © 1997 John Wiley & Sons

Ejercicios escritos: Capítulo 6

VOCABULARIO: En la ciudad (libro de texto, pp. 182–183, 184)

6.1 Crucigrama.

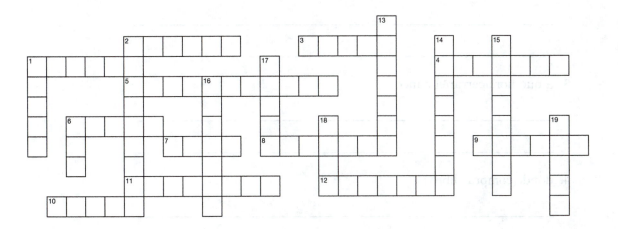

Horizontal

1. El lugar en la ciudad donde descansamos y jugamos.
2. El lugar donde esperamos el autobús.
3. Una avenida pequeña es una...
4. Lo que hacemos en la parada de autobús.
5. Un edificio muy, muy alto.
6. El lugar en la oficina de correos donde ponemos las cartas (*letters*).
7. El lugar donde vamos para ver películas.
8. Un monumento de una persona famosa.
9. Lo contrario de **salir.**
10. El lugar donde vemos obras (*works*) de arte.
11. Los católicos van a misa en la...
12. Los protestantes van a la...

Vertical

1. En las ciudades hispanas, la... generalmente está en el centro de la ciudad.
2. Lo que venden en el quiosco.
6. El lugar donde muchas personas van para tomar cerveza, vino, etc.
13. *Sports Illustrated* es una...
14. Vamos al cine para ver una...
15. Lo contrario de **empezar.**
16. Una calle muy grande es una...
17. Sinónimo de **personas.**
18. Si no queremos ir ni en metro ni en autobús, buscamos un...
19. Donde depositamos nuestro dinero ($).

ESTRUCTURA I, *Indicating an impersonal or anonymous action:*
El *se* impersonal y el *se* pasivo (libro de texto, p. 188)

6.2   Una persona necesita información sobre (*about*) la ciudad donde usted
vive. Otra persona contesta. Escriba las preguntas según la información que sigue. Después, escriba las respuestas.

> **Ejemplo**   dónde/vender/pan
>
> **¿Dónde se vende pan?**
>
> **Se vende en la panadería.**

1. dónde/vender/zapatos de tenis

   _____

   _____

2. a qué hora/abrir/las tiendas

   _____

   _____

3. a qué hora/cerrar/el banco

   _____

   _____

4. dónde/comprar libros

   _____

   _____

ESTRUCTURA II, *Talking about actions in the past:* **El pretérito**
(libro de texto, pp. 191–192)

6.3   ¿Qué hicieron (*did . . . do*) usted y sus amigos el fin de semana
pasado? Escriba la forma correcta del verbo.

> **Ejemplo**   *visitar* el museo
>
> | *YO* | *LUIS* | *LINDA Y ANA* |
> |------|--------|---------------|
> | **visité** | **visitó** | **visitaron** |

	YO	*LUIS*	*LINDA Y ANA*
1. *volver* a casa	_____	_____	_____
2. *pasar* dos horas en la biblioteca	_____	_____	_____

Copyright © 1997 John Wiley & Sons

3. *empezar* a escribir la composición para la clase de español

_____ _____ _____

4. *leer* una novela muy interesante

_____ _____ _____

5. *jugar* al voleibol

_____ _____ _____

6. *ir* al cine

_____ _____ _____

7. *comer* en un restaurante

_____ _____ _____

8. *asistir* a un concierto

_____ _____ _____

6.4 ¿Qué hicieron usted y sus amigos? Conteste las preguntas con oraciones completas.

Usted y sus amigos...

1. ¿Estudiaron mucho anoche?

_____

2. ¿Miraron la televisión?

_____

3. ¿Comieron pizza?

_____

4. ¿Salieron de la universidad?

_____

5. ¿Fueron de compras?

_____

6. ¿Compraron muchas cosas?

_____

7. ¿Regresaron tarde?

_____

6.5 ¡Preguntas y más preguntas!

A. Usted le hace muchas preguntas a su amigo(a). Escriba las preguntas con la información que sigue.

> **Ejemplo**   *llamar* a Esperanza anoche
>
> **¿Llamaste a Esperanza anoche?**

1. *ir* al centro el fin de semana pasado

_____

2. *tomar* el autobús

_____

3. *ver* una película

_____

4. *visitar* el museo de arte

_____

5. *comprar* algo en el almacén

_____

B. Ahora, imagine que usted les hace preguntas a dos amigos españoles. Repita #1–5 de la sección A. Escriba las preguntas usando la forma **vosotros** del verbo.

> **Ejemplo**   *llamar* a Esperanza anoche
>
> **¿Llamasteis a Esperanza anoche?**

1. _____

2. _____

3. _____

4. _____

5. _____

6.6 Traduzca al español.

1. I arrived at the university at noon.

_____

Copyright © 1997 John Wiley & Sons

2. I had lunch with my friends.

_____

3. I looked for my friend Bill.

_____

4. Did you see George?

_____

5. I hugged Mónica. She is my favorite friend.

_____

6. I began to study at 4:00 p.m.

_____

BIEN DICHO: En la oficina de correos (libro de texto, p. 196)

6.7 Combine la información en la *Columna A* con la información correspondiente en la *Columna B*. Luego, escriba una oración completa, con el verbo en el tiempo (*tense*) pretérito.

Columna A

1. *ir*
2. *escribir* la dirección
3. *comprar* un sello
4. *echar* la carta
5. *mandar* una tarjeta postal
6. *recibir* un paquete

Columna B

de mi abuela
a la oficina de correos
al correo
en el sobre
en la oficina de correos
a mi amigo

1. Fui a la oficina de correos. _____

2. _____

3. _____

4. _____

5. _____

6. _____

ESTRUCTURA III: *Expressing additional actions in the*
past: **Verbos con cambios en la raíz en el pretérito**
(libro de texto, pp. 198–199)

6.8 Imagine que usted y sus amigos y amigas cenaron en un restaurante
muy elegante. ¿Qué pasó? Escriba oraciones con las palabras que
siguen. Cambie el verbo a la forma correcta del pretérito.

1. **Para entender las selecciones del menú...**
   el camarero/*repetir* las especialidades del restaurante

   _____

   yo/*repetir* el nombre del plato especial

   _____

   Anita y Linda/*repetir* los nombres de los aperitivos

   _____

2. **Para variar nuestras selecciones...**
   yo/*pedir* arroz con pollo

   _____

   Anita/*pedir* paella

   _____

   Tina y Susana/*pedir* camarones Alfredo

   _____

3. **De todos los postres...**
   yo/*preferir* la torta de chocolate

   _____

   Tina/*preferir* el pastel de limón

   _____

   Susana y Anita/*preferir* el helado de fresa

   _____

4. **Después de (*after*) la cena volvimos a casa y...**
   yo/*dormir* bien toda la noche

   _____

   Anita/no *dormir* bien

   _____

Copyright © 1997 John Wiley & Sons

Tina y Susana/*dormir* hasta (*until*) las diez de la mañana

_____

6.9 ¿Qué pasa normalmente? ¿Y qué pasó anoche o ayer? Escriba oraciones con las palabras que siguen. Cambie los verbos al **presente** (para indicar lo que pasa normalmente) y al **pretérito** (para indicar lo que pasó anoche o ayer).

1. normalmente Paco/*dormir* bien

   _____

   anoche/*dormir* mal

   _____

2. normalmente Tina y Elena/*pedir* pizza vegetariana

   _____

   anoche/*pedir* pizza con salchicha y jamón

   _____

3. normalmente el profesor de español/*almorzar* con los otros profesores

   _____

   ayer/*almorzar* con los estudiantes

   _____

4. normalmente (yo)/*jugar* al tenis por la tarde

   _____

   ayer/*jugar* por la mañana

   _____

5. normalmente las clases/*empezar* a las 8:00 de la mañana

   _____

   ayer/*empezar* a las 8:30

   _____

6.10 Antonio le cuenta (*tells*) a Miguelito por qué él está ¡tan (*so*)
cansado! Escriba lo que Antonio le dice a Miguelito. Use los verbos
que siguen en el pretérito: **(no) dormir, trabajar, estudiar, ir,
correr,** etc.

_____

_____

_____

_____

_____

BIEN DICHO: El dinero y el banco (libro de texto, p. 201)

6.11 Complete con la palabra apropiada del vocabulario.

1. Un turista va al banco porque quiere cobrar los cheques de

_____.

2. El turista debe escribir su nombre en el cheque, o _____
el cheque.

3. El turista está en México. Quiere _____ dólares a pesos
mexicanos.

4. Cuando no usamos cheque ni tarjeta de crédito, pagamos con

_____.

5. Cuando el artículo cuesta ocho dólares y pagamos diez, recibimos
dos dólares de _____. Siempre es buena idea
_____ el dinero que recibimos.

6. Lo contrario de sacar dinero del banco es _____ dinero.

7. Lo contrario de depositar el cheque es _____ el cheque.

8. Lo contrario de gastar dinero es _____ dinero o
_____ dinero.

9. Lo contrario de perder dinero es _____ dinero. ¡Qué
buena suerte!

6.12 ¡Vamos a leer! Lea el anuncio que se encuentra en la página 73.
Luego conteste las preguntas que siguen.

Reading Hint: Read the ad quickly, not stopping to look up words. Then,
read the ad again and underline all of the words that you recognize. Can
you answer the following questions?

1. ¿Por qué está tan (*so*) triste la mujer?

_____

Copyright © 1997 John Wiley & Sons

Nombre _____ Fecha _____ Clase _____

A ella le robaron la cartera.
Lo perdió todo.

EXCEPTO SU DINERO.

Proteja su dinero con los Cheques de Viajero American Express.® Si se los roban o se les pierden, con sólo
una llamada telefónica, American Express puede entregarle directamente un reembolso,
prácticamente dondequiera que usted esté, en cualquier parte del mundo.
O, si prefiere, usted puede obtener su reembolso visitando cualquiera de nuestras más de 1,500 localidades
de Servicios de Viaje en más de 120 países.*
Durante cien años, los Cheques de Viajero American Express se han destacado como los líderes en
seguridad, aceptación y servicio de reembolso mundial.
Proteja su dinero contra pérdida y robo. No lleve dinero en efectivo. Lleve los Cheques de Viajero American Express.
Pídalos por su nombre.℠

Cheques
de Viajero
1891·1991

*Comprende las localidades de Servicios de Viaje de American Express Travel Related Services Company, Inc., sus Compañías Afiliadas y Representantes.
℠ Marca Registrada de American Express Company.   © 1991 American Express Travel Related Services Company, Inc.

(continuado)

2. ¿Qué no perdió? ¿Por qué?

_____

3. Según el anuncio, si usted pierde sus cheques de viajero, ¿qué debe hacer para comunicarse con *American Express*?

_____

4. ¿Cómo puede usted obtener su reembolso?

_____

5. ¿Hace cuántos años que *American Express* es líder en este tipo de servicio?

_____

6. Cuando usted viaja a otro país, ¿prefiere llevar cheques de viajero o efectivo?

_____

ESTRUCTURA IV, *Referring to persons and things without repeating the name:* **Pronombres de complemento directo**
(libro de texto, pp. 203–204)

6.13 Leti, la organizada, tiene una lista de las cosas que debe hacer en el banco el viernes por la tarde.

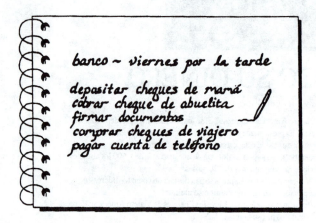

banco ~ viernes por la tarde

depositar cheques de mamá
cobrar cheque de abuelita
firmar documentos
comprar cheques de viajero
pagar cuenta de teléfono

A. Según la lista de Leti, indique lo que va a hacer, quiere hacer, etc. Use los pronombres de complemento directo.

1. ¿los cheques de mamá? Leti va a _depositarlos_____.

Copyright © 1997 John Wiley & Sons

2. ¿el cheque de abuelita? Ella quiere _____.

3. ¿los documentos? Tiene que _____.

4. ¿los cheques de viajero? Va a _____.

5. ¿la cuenta de teléfono? Debe _____.

B. Ahora, indique lo que ella hizo (*did*) el viernes por la tarde.

1. ¿los cheques de mamá? *Leti los depositó* _____.

2. ¿el cheque de abuelita? _____.

3. ¿los documentos? _____.

4. ¿los cheques de viajero? _____.

5. ¿la cuenta de teléfono? _____.

6.14 Traduzca al español.

1. Miguel, did María call you yesterday?

_____

2. Yes, she called me in the afternoon.

_____

3. She wants to invite us to a party.

_____

4. Linda and Manuel want to come also **(también).**

_____

5. Is María going to invite them?

_____

6.15 Es el Día de San Valentín. Escriba lo que le dice Antonio a Julia. Use los verbos y pronombres que siguen como guía (*guide*): **amarte, adorarte, querer invitarte,** etc.

Julia...

REPASO GENERAL: Capítulo 6

6.16 Conteste con oraciones completas.

1. ¿Cuántas horas durmió usted anoche?

   _____

2. ¿A qué hora salió usted de la residencia (de su apartamento/de su casa) esta mañana?

   _____

3. La última vez (*the last time*) que usted fue al centro, ¿qué lugares visitó?

   _____

4. ¿Fue usted al museo de arte?

   _____

5. ¿Compró usted algo en el almacén? (¿Qué?)

   _____

6. ¿A qué hora se cerró el almacén?

   _____

7. ¿Vio usted a sus amigos en el centro? (¿Dónde?)

   _____

Copyright © 1997 John Wiley & Sons

Nombre _____ Fecha _____ Clase _____

6.17 Describa la escena en el banco. Use el pretérito. Primero (*First*)
indique lo que pasó en el banco: **Natalia**...; **La cajera** (*teller*)...;
La profesora Linares...; **El amigo de la profesora**... Luego (*Then*)
indique lo que pasó después de que las personas salieron del banco:
Natalia...; **La profesora Linares y su amigo**... ¡Use la imaginación!

_____

_____

_____

_____

_____

_____

[Check your answers with those given in the *Answer Key* and make all
necessary corrections with a pen or pencil of a different color.]

Ejercicios escritos: Capítulo 7

VOCABULARIO: El campo y la naturaleza
(libro de texto, pp. 216–218)

7.1 Crucigrama.

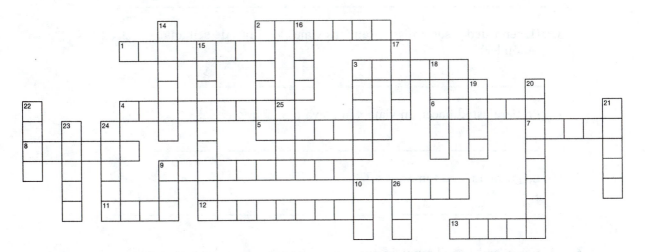

Horizontal

1. Las nubes están negras y hay relámpagos y viento. ¡Es una...terrible!
2. Este animal pone huevos.
3. Una montaña baja y pequeña.
4. Los animales que vemos en el cielo son...
5. Las personas montan a este animal.
6. Un grupo de muchos árboles es un...
7. Hay mucha vegetación tropical, arañas, serpientes, etc. en la...
8. Parte del planeta no ocupado por el mar.
9. Durante una tormenta violenta hay mucho viento, mucha lluvia, y con frecuencia...en el cielo.
10. Sacar (*take out*) peces del agua.
11. Gran masa permanente de agua depositada en depresiones de la tierra.
12. Reptil largo que se encuentra en la selva.
13. Cuando estamos acampando y necesitamos cocinar, es necesario hacer un...

Vertical

2. Un animal doméstico que toma leche y dice "miau".
3. Durante el día, el...normalmente es azul. Durante una tormenta está gris.
9. Corriente de agua continua que corre hacia el mar.
10. Un animal que vive y nada en los ríos, en el mar, etc.
14. Hacienda o rancho en el campo con animales.

(continuado)

15. Están en el cielo de noche. Hay muchas.

16. Está en el cielo de noche. Es grande.

17. La rosa es una...

18. Están en el cielo. Son blancas o grises.

19. Porción de tierra rodeada de (*surrounded by*) agua...

20. Hay cacto en el...

21. La tierra entre (*between*) montañas.

22. Vehículo que usamos para navegar de una parte del lago o río a otra parte.

23. La carne de este animal se convierte en jamón, tocino y chuletas.

24. Planta muy alta con tronco.

25. El animal que produce leche.

26. Es grande y amarillo. Está en el cielo de día.

7.2 Conteste las preguntas con oraciones completas.

1. ¿A qué lugares le gusta a usted ir de vacaciones?

    _____

2. ¿Están sus padres de vacaciones ahora? (¿Dónde?)

    _____

3. ¿Hacen usted y sus amigos y amigas viajes los fines de semana? (¿Adónde?)

    _____

4. ¿Prefiere usted hacer un viaje a la playa o a las montañas?

    _____

5. ¿Le gusta a usted tomar el sol?

    _____

7.3 ¡Vamos a leer! Lea el anuncio que sigue. Luego conteste las preguntas que se encuentran en la página 82.

Reading Hint: In the following brochure, key words from the text have been highlighted in boldface. See if you can guess the meaning of these words by context, by their association with words you already know, or by their similarity to an equivalent word in English.

Rocky Mountain National Park
(Parque Nacional—Las Montañas Rocosas)
Colorado

Servicio Nacional de Parques
Departamento del Interior U.S.

Copyright © 1997 John Wiley & Sons

Nombre _____ Fecha _____ Clase _____

A caballo

Se pueden **alquilar** caballos y **contratar guías** en dos lugares al este del parque, así como en un gran número de **caballerizas** al este y al oeste, fuera de los límites del parque, **durante** la estación **veraniega.**

Camping

Los cinco campings[1] del parque situados en: "Moraine Park", "Glacier Basin", "Aspenglen", "Longs Peak" y "Timber Creek", proveen la **manera** más **agradable** de **familiarizarse** con el Parque Nacional de las Montañas Rocosas. En "Longs Peak" el límite de duración de acampada es tres días, en los demás campings siete. Durante el verano los campings **se llenan** por completo todos los días a primeras horas de la mañana. En "Glacier Basin" se pueden reservar zonas de acampada para grupos. En "Longs Peak" sólo se puede acampar en tiendas de campaña. Sólo **se permite** hacer fuego en las parrillas de los campings y lugares de descanso. **Se requiere** un **permiso** por escrito para hacer fuego fuera de esas áreas.

Pesca

En los arroyos y lagos del Parque Nacional de las Montañas Rocosas se encuentran cuatro **especies** de **trucha**: "rainbow", "German brown", "brook" y "cutthroat". A pesar de que en estas frías aguas no hay peces muy grandes, sin duda disfrutará del maravilloso paisaje de montaña que lo rodeará mientras pesca.

Alpinismo

Para el **alpinista** el Parque Nacional de las Montañas Rocosas ofrece una variedad de dificultosos **ascensos** durante todo el año. Uno de los concesionarios del parque maneja una escuela de alpinismo y un servicio de guías que ofrecen lecciones de alpinismo y montañismo. Para más información, póngase en contacto con la oficina central. Para los que no son alpinistas profesionales, pero a los que les gustaría vivir la experiencia de llegar a **la cumbre** de una montaña, "Longs Peak" es la solución. En julio, agosto y parte de septiembre, **la ruta** a través de "Keyhole" puede subirse sin un **equipo técnico** de alpinismo. Aunque no se necesita un equipo técnico, el largo ascenso de "Longs Peak" es **exigente.** El **incremento** en altura es de 1.433 metros (4.700 pies), y los 24 kilómetros (16 millas) de ida y vuelta de la escalada pueden llevar alrededor de unas 12 horas.

---

[1]**Camping** is a word commonly used by Hispanics in the United States to indicate campsite or campground.

Estudio de palabras

¿Cuántas de las siguientes palabras entiende usted? Examine cada palabra según el contexto de la oración. Escriba el equivalente en inglés.

español	inglés		español	inglés
alquilar	= _____		**permiso**	= _____
contratar	= _____		**especies**	= _____
guías	= _____		**trucha**	= _____
caballerizas	= _____		**alpinista**	= _____
durante	= _____		**ascensos**	= _____
veraniega	= _____		**cumbre**	= _____
manera	= _____		**ruta**	= _____
agradable	= _____		**equipo técnico**	= _____
familiarizarse	= _____		**exigente**	= _____
se llenan	= _____		**incremento**	= _____
se permite	= _____			
se requiere	= _____			

Preguntas

1. ¿Durante qué estación se pueden alquilar caballos?

   _____

2. Si usted quiere acampar en grupo con sus amigos, ¿en cuál de los campings debe usted reservar una zona de acampada?

   _____

3. ¿Qué tipo de permiso se requiere para hacer fuego fuera de (*outside of*) los campings?

   _____

4. ¿Cuántas especies de truchas se encuentran en el Parque Nacional?

   _____

5. ¿Cuántas horas se necesitan para la escalada (ida y vuelta) de Longs Peak?

   _____

6. ¿Cuántas millas es la escalada (ida y vuelta)?

   _____

7. Para usted, ¿cuál de las actividades mencionadas es la más interesante?

   _____

Copyright © 1997 John Wiley & Sons

ESTRUCTURA I, *Expressing additional actions in the past:*
Otros verbos irregulares en el pretérito
(libro de texto, pp. 222–223)

7.4 Usted y sus amigas y amigos **hicieron** un viaje a la selva amazónica.
Narre la aventura. Escoja (*choose*) de la lista que sigue el verbo que
corresponde a cada oración. Escriba la forma correcta del verbo en el
espacio en blanco.

Verbos: **querer, traer, andar, poner, hacer, estar, tener, venir,
poder**

1. (Nosotros) _____ un viaje a la selva.

2. De acuerdo con (*As per*) nuestros planes, mis amigos
_____ a mi apartamento.

3. (Yo) _____ todas las mochilas en el Jeep.

4. Mis amigas Dulce y Ana _____ comida, agua y repelente.

5. Al llegar, (nosotros) _____ por la selva con un guía
excelente.

6. Mi amigo Marco _____ explorar las orillas (*banks*) del río.

7. Allí, él _____ ver algunos insectos muy raros.

8. (Nosotros) _____ allí, acampando y explorando, por
cuatro días.

9. (Yo) _____ una experiencia fantástica, y mis amigos y
amigas también.

7.5 Diga que usted y otros individuos hicieron las cosas indicadas. Siga el
modelo.

Ejemplo Elizabeth no *va a venir* a la clase tarde *hoy*. (ayer)
Vino a la clase tarde *ayer*.

1. Mis amigos no *van a conducir* al centro *hoy*. (ayer)

_____

2. No *vamos a tener* un examen *hoy*. (la semana pasada)

_____

3. No *vamos a traer* comida a la clase *mañana*. (anteayer)

_____

4. No *vas a hacer* la tarea *esta noche*. (anoche)

_____

5. La profesora no *va a darnos* un dictado en la clase *hoy*. (ayer)

_____

6. No *voy a traducir* el poema *ahora*. (anoche)

_____

7. La profesora no *va a estar* en su oficina *esta tarde*. (esta mañana)

_____

7.6 ¡Preguntas y más preguntas!

A. ¿Qué hizo su amigo(a)? Hágale preguntas a su amigo(a) para averiguar
lo que hizo anoche. Use las palabras indicadas.

> **Ejemplo**   ¿dónde *poner* el carro?
>
> **¿Dónde *pusiste* el carro?**

1. ¿dónde *estar* anoche?

_____

2. ¿qué *hacer*?

_____

3. ¿*poder* encontrar un taxi?

_____

4. ¿adónde *ir*?

_____

5. ¿a qué hora *tener* que volver?

_____

B. Ahora, hágales preguntas a sus amigos(as) de España para averiguar lo
que hicieron anoche. Repita #1–5 de la sección A. Escriba las preguntas con
la forma **vosotros** del verbo.

> **Ejemplo**   ¿dónde *poner* el carro?
>
> **¿Dónde *pusisteis* el carro?**

1. _____

2. _____

3. _____

Copyright © 1997 John Wiley & Sons

Nombre _____ Fecha _____ Clase _____

4. _____

5. _____

7.7 Traduzca al español. (Watch out for the verbs that convey a different meaning in the preterit!)

1. I met Sam yesterday.

_____

2. Why did he bring insects to class?

_____

3. Where did he put them?

_____

4. One student wanted (*tried*) to find them.

_____

5. The other students refused (*didn't want*) to go (*enter*) into the classroom.

_____

6. The professor found out who did it!

_____

7.8 Antonio quiere saber lo que pasó en la fiesta. Miguelito le da una explicación, indicando **a)** lo que sus amigos hicieron en la fiesta (pretérito), y **b)** lo que él va a hacer para remediar la situación (**ir** + **a** + infinitivo). Escriba lo que dice Miguelito.

ESTRUCTURA II, *Indicating an action that took place some time ago:* **Hacer para expresar** *ago* (libro de texto, p. 227)

7.9   Unos amigos suyos fueron a las montañas para acampar. Usted les hace preguntas para averiguar **cuándo** ocurrieron ciertas cosas. Ellos responden, indicando **cuánto tiempo hace** que ocurrieron esas cosas.

> **Ejemplo**   *decidir* ir a las montañas/dos meses
>
> (pregunta) **¿Cuándo decidieron ir a las montañas?**
>
> (respuesta) **Decidimos ir hace dos meses.**

1. *empezar* a hacer los planes/un mes

   ¿Cuándo... _____?

   _____

2. *comprar* las carpas/tres semanas

   ¿_____?

   _____

3. *pedir* los sacos de dormir de L. L. Bean/tres semanas

   ¿_____?

   _____

4. *salir* de la universidad/dos semanas

   ¿_____?

   _____

5. *volver* a la universidad/cinco días

   ¿_____?

   _____

ESTRUCTURA III, *Indicating to whom something is done:* **Pronombres de complemento indirecto** (libro de texto, pp. 229–231)

7.10   Una tía suya, muy generosa, les dio a todos los miembros de la familia lo que pidieron. Indique lo que su tía le dio a cada persona.

> **Ejemplo**   mi hermana/un voleibol
>
> **Ella** *le dio* **un voleibol.**

Copyright © 1997 John Wiley & Sons

1. yo/un saco de dormir

_____

2. mis padres/un bote de pesca

_____

3. tú/una mochila

_____

4. mi hermana/una bicicleta

_____

5. nosotros/una carpa

_____

7.11 Indique lo que usted hizo después de volver de su viaje a México. Escriba oraciones con las palabras indicadas. Use el pronombre de complemento indirecto.

Ejemplo   *mostrar* el álbum/a mamá

   ***Le* mostré el álbum a mamá.**

1. *regalar*/una bolsa/a mi amiga Linda

_____

2. *mandar*/unos regalos/a mis primos

_____

3. *mostrar*/las fotos/a mi tía

_____

4. *devolver*/la cámara/a mi padre

_____

5. *contar*/mis aventuras/a mis abuelos

_____

6. *traer*/un vestido/a mi hermana

_____

ESTRUCTURA IV, *Expressing likes, dislikes, and interests:*
Verbos similares a *gustar* (libro de texto, p. 232)

7.12 Diga lo que les encanta, les importa, etc. a las personas. Escriba oraciones usando el verbo (con el pronombre indirecto) que mejor (*best*) corresponda a la situación indicada.

> **importar   molestar   fascinar   encantar   interesar**

> **Ejemplo**   Alfonso pesca casi todos los fines de semana.
> **Le encanta pescar.**

1. Alfonso dice que las arañas son muy fascinantes.

   _____

2. La actividad favorita de Anita y de su amiga Marta es montar a caballo.

   _____

3. Estamos acampando y ¡hay tantos (*so many*) mosquitos!

   _____

4. Tengo mucho interés en estudiar los insectos y la vegetación de la selva.

   _____

5. Camila dice que la preservación de la naturaleza es muy importante.

   _____

ESTRUCTURA V, *Anwering the question of* what? *and* to whom?
without being repetitive: **Los pronombres de complemento directo e indirecto** (libro de texto, pp. 234–235)

7.13 Imagine que un(a) amigo(a) le hace muchas preguntas a usted. Contéstele usando los pronombres de complemento directo e indirecto.

> **Ejemplo**   ¿Quién te dio *ese regalo*? (mi amiga)
> **Mi amiga *me lo* dio.**

1. ¿Quién te mandó *ese paquete*? (mi abuela)

   _____

2. ¿Quién te escribió *esa tarjeta postal*? (mi hermana)

   _____

Copyright © 1997 John Wiley & Sons

3. ¿Quién te prestó *esos binoculares*? (mi tía)

_____

4. ¿Quién te dio *la nueva dirección de Camila*? (Jorge)

_____

5. ¿Quién te contó *lo que pasó anoche*? (Carmen)

_____

6. ¿Quién te dijo *que hay una fiesta esta noche*? (Óscar)

_____

7.14 Leti, la organizada, viajó al Perú. Escribió una lista de lo que va hacer al volver a casa. Conteste las preguntas según la información en la lista.

Al volver a casa . . . .

regalar :
   el poncho - Óscar
   los anillos - Elena y Sonia
   la pulsera - hermanita

mostrar :
   las fotos de Cuzco - abuelos
   el mapa del Perú - la profesora Serra

devolver :
   la mochila - Juan
   la cámara - mamá

1. ¿Qué va a hacer con el poncho?

Va a regalárselo a Óscar.

_____

2. ¿Qué va a hacer con los anillos?

_____

3. ¿Qué va a hacer con la pulsera?

_____

4. ¿Qué va a hacer con las fotos de Cuzco?

_____

5. ¿Qué va a hacer con el mapa del Perú?

_____

6. ¿Qué va a hacer con la mochila?

_____

7. ¿Qué va a hacer con la cámara?

_____

7.15 Traduzca al español.

1. Juanita, who sent you the flowers?

_____

2. Alejandro gave them to me.

_____

3. Are you going to show them to your parents?

_____

ESTRUCTURA VI, _Referring to indefinite and nonexistent persons and things:_ **Palabras afirmativas y negativas**
(libro de texto, pp. 237–238)

7.16   Conteste las preguntas según los dibujos.

Dibujo #1

1. Cuando entra el ladrón, ¿hay alguien en el banco?

_____

Copyright © 1997 John Wiley & Sons

Nombre ______________ Fecha ______________ Clase ______________

2. ¿Hay algo en la bolsa del ladrón?

____

Dibujo #2

3. ¿Alguien oyó la alarma?

____

4. ¿Alguien llamó al policía?

____

5. ¿Hay algo en la bolsa del ladrón?

____

6. ¿Tiene el ladrón algo en la mano?

____

7. El ladrón, ¿le dice algo al policía?

____

7.17 Traduzca.

1. I see something in the river.

____

2. I see it, too (*also*).

____

3. Is someone camping there?

____

4. No. Nobody is there.

____

5. I don't want to go swimming (*to swim*) now.

____

6. Neither do I.

_____

REPASO GENERAL: Capítulo 7

7.18 Conteste en oraciones completas.

1. ¿Dónde estuvo usted anoche?

_____

2. ¿Qué hizo usted anoche?

_____

3. ¿Qué tuvo usted que hacer ayer?

_____

4. ¿Cuándo fue la última vez (_last time_) que usted volvió a casa?   (_ago_)

_____

5. ¿Le contó usted a su amigo(a) unos incidentes de su vida en la universidad?

_____

6. ¿Le prestó usted a su amigo(a) el coche?

_____

7. ¿Qué cosas le interesan a su amigo(a) mucho? ¿y a usted?

_____

8. ¿Qué le encanta a usted hacer?

_____

7.19 Primero, escriba una descripción de Natalia y Linda. ¿Cómo son? ¿Dónde están? ¿Qué les encanta hacer (_presente_)? Luego, describa lo que pasó (_pretérito_). Use las palabras indicadas y la imaginación.

Copyright © 1997 John Wiley & Sons

Nombre _____ Fecha _____ Clase _____

(*presente*) Natalia y Linda **ser**...; **estar**...; A Natalia y a Linda **encantar**...y...

(*pretérito*) Ellas **hacer** un viaje...; cuando **llegar**...; **empezar a**...; **querer**...; no **poder**...; **tener que**...

_____

_____

_____

_____

_____

_____

[Check your answers with those given in the *Answer Key* and make all necessary corrections with a pen or pencil of a different color.]

Ejercicios escritos: Capítulo 8

VOCABULARIO: En el hogar (libro de texto, pp. 248–249)

8.1 Crucigrama.

Horizontal

1. El tipo de vaso que usamos para tomar vino.

2. Un tipo de sillón largo que se encuentra en la sala.

3. El aparato que da luz. Lo ponemos en la mesa o en el escritorio.

4. El aparato en la cocina que conserva comida a baja temperatura.

5. Una silla muy grande y confortable.

6. El aparato en que vemos programas de televisión.

7. El mueble en que dormimos.

8. El lugar en la casa donde hacemos fuego cuando hace frío.

9. El cuarto o dormitorio donde dormimos.

10. Lo que divide o separa los cuartos de la casa.

11. El cuarto donde encontramos el inodoro y la bañera.

12. El cuarto donde comemos, especialmente en ocasiones formales.

13. Lo que usamos con agua para lavar las manos.

14. El lugar donde estacionamos el coche.

15. Cristal en que se reflejan (*are reflected*) los objetos.

16. La parte de la casa que la cubre y la protege de la lluvia.

17. Una pintura que ponemos en la pared.

(*continuado*)

18. Lo contrario de **bajar.**
19. Limpiar con agua y jabón.

Vertical

2. El cuarto donde descansamos, hablamos con nuestros amigos o miramos la televisión.
6. Después de salir de la ducha o de la bañera necesitamos una...
7. Lo que ponemos en las ventanas para decorarlas.
8. El mueble donde guardamos calcetines, ropa interior, camisetas, etc.
20. El lugar donde guardamos los trajes, los pantalones, los vestidos, las camisas, etc.
21. Cuando no queremos poner agua en la bañera, podemos tomar una...

22. Lo que ponemos en el suelo para cubrirlo o decorarlo.
23. El mueble donde guardamos libros, el televisor, etc.
24. Lo que usamos para subir del primer piso al segundo piso.
25. Donde ponemos la alfombra.
26. Está en el baño. Lo usamos con frecuencia.
27. El cuarto donde cocinamos.
28. Ponemos los papeles usados, etc. en el cubo de la...
29. Lo contrario de **subir.**
30. Donde nos lavamos las manos y la cara.
31. El lugar en el baño donde nos bañamos.
32. En la cocina, donde lavamos los platos.

BIEN DICHO: Poner la mesa (libro de texto, p. 250)

8.2 Primero, escriba el nombre del objeto. Luego, escriba dos palabras (bebidas, comidas, etc.) que usted asocia con el objeto.

Ejemplo

la copa

el vino

la champaña

1.

2.

3.

4.

5.

6.

Copyright © 1997 John Wiley & Sons

Nombre _____ Fecha _____ Clase _____

BIEN DICHO: En el hogar; Los quehaceres domésticos
(libro de texto, p. 252)

8.3 ¿Qué hizo usted en el apartamento antes de la llegada de su novio(a)? Combine el verbo en la *Columna A* con la información correspondiente en la *Columna B*. Luego escriba una oración completa con el verbo en el pretérito.

Columna A	*Columna B*
1. pasar	las camas
2. planchar	el televisor
3. hacer	los platos
4. sacar	a preparar la cena
5. lavar y secar	la mesa
6. poner	el estéreo
7. apagar	la basura
8. prender	mi camisa/blusa nueva
9. empezar	la aspiradora

1. Pasé la aspiradora. _____

2. _____

3. _____

4. _____

5. _____

6. _____

7. _____

8. _____

9. _____

ESTRUCTURA I, *Describing in the past:* El imperfecto
(libro de texto, pp. 255–256)

8.4 Indique lo que ocurría cuando usted pasaba los veranos en la casa de sus abuelos. Complete con la forma correcta del verbo en el imperfecto.

1. (dormir/yo) Siempre _____ en la cama grande.

2. (correr, jugar) Todos los días, mi hermano y yo
_____ por el jardín y _____
con el perro.

3. (mirar/yo) Con frecuencia _____ la televisión.

4. (abrir, encontrar) Mi hermano y yo _____ las cajas
   (*boxes*) en el sótano y _____ cosas muy
   interesantes.

5. (preparar) Cada tarde mi abuela nos _____ galletas
   deliciosas.

6. (tomar) Todas las tardes mis abuelos _____ una siesta.

7. (ir/nosotros) Con frecuencia _____ al lago para un
   picnic.

8. (venir) El perro siempre _____ con nosotros.

9. (comer, tomar/nosotros) En los picnics siempre
   _____ pollo frito y _____
   limonada.

10. (ser) Mis abuelos _____ fantásticos.

8.5 Indique las cosas que usted y las personas que siguen no hacen ahora,
pero que hacían cuando eran niños o niñas. Complete las oraciones
con la forma correcta del verbo en el presente y en el imperfecto.

Ejemplo   (tomar/yo)
   Ahora no **tomo** siestas, pero cuando era niño(a) **tomaba**
   muchas siestas.

1. (jugar/yo) Ahora no _____ en el jardín, pero cuando era
   niño(a) _____ en el jardín todos los días.

2. (mirar/tú) Ahora no _____ el programa "Plaza Sésamo"
   (*Sesame Street*), pero cuando eras niño(a) lo _____ todos
   los días.

3. (hacer) Ahora mis padres no _____ mi cama, pero cuando
   era un(a) niño(a) pequeño(a) la _____ todas las mañanas.

4. (querer) Ahora mi hermana y yo no _____ dormir
   en el sótano, pero cuando éramos niños _____
   hacerlo todos los fines de semana.

5. (guardar) Ahora mi hermana no _____ sus cosas
   secretas en el sótano, pero cuando era niña las _____
   allí.

ESTRUCTURA II, *Talking about and describing persons, things, and actions in the past:* El pretérito y el imperfecto
(libro de texto, pp. 258–261)

8.6 Indique lo que pasó o lo que pasaba con frecuencia cuando su familia
estaba en la ciudad de México. Complete las oraciones con los verbos
en el pretérito o en el imperfecto según el contexto.

1. (alquilar) Todos los veranos mi familia _____ un
   apartamento en la ciudad de México. El mes pasado mi padre
   _____ una casa.

Copyright © 1997 John Wiley & Sons

Nombre _____ Fecha _____ Clase _____

2. (ir/yo) Muchas veces _____ al centro para visitar los museos. Una vez _____ al parque de Chapultepec.

3. (comer) Todos los viernes mi hermano y yo _____ enchiladas en la casa de la señora Torres. Un día _____ tamales.

4. (subir) Un sábado por la mañana mis hermanas _____ la Pirámide del Sol. Frecuentemente _____ la Pirámide de la Luna.

5. (andar/yo) Una vez _____ por los canales de Xochimilco en un bote. Muchas veces _____ por los mercados públicos de la ciudad.

8.7 Narre la historia de la niña y de su abuela. Complete las oraciones con los verbos en el pretérito o en el imperfecto según el contexto.

1. (ser) _____ una tarde bonita. 2. (hacer) _____ sol. 3. (ser) _____ las cinco de la tarde. 4. Una niña (caminar) _____ por el bosque. 5. (Llevar) _____ un vestido rojo y una bolsa grande. 6. Ella (ir) _____ a la casa de su abuela todos los sábados para visitarla. 7. Cuando (llegar) _____ a la casa de su abuela, (abrir) _____ la puerta y (entrar) _____ en la casa. 8. Su abuela (estar) _____ en la cama. 9. (Haber) _____ una lámpara cerca de la cama. 10. La niña (encender) _____ la luz. 11. ¡Ay! ¡Su abuela (tener) _____ una nariz muy grande y una boca enorme con muchos dientes! 12. La niña (tener) _____ miedo y (salir) _____ de la casa corriendo.

8.8 Traduzca al español.

1. What was the wolf doing there? (*wolf* = **lobo**)

_____

2. Was he sleeping when the little girl arrived?

_____

3. What did she do when she saw the wolf?

_____

8.9 Antonio les cuenta a Julia y a Miguelito un cuento de fantasmas (*ghosts*). Escriba el cuento. Incluya:

imperfecto: la fecha (**Era...**)
el tiempo
descripción del fantasma
acciones en progreso

pretérito: serie de acciones
(**luego..., entonces..., después..., por fin...**)

_____

_____

_____

_____

_____

ESTRUCTURA III, *Indicating where and when:* **Preposiciones de localización y otras preposiciones útiles**
(libro de texto, pp. 265–266)

8.10 Alguien le regaló una planta a Leti. Según los dibujos de Leti, indique dónde está pensando poner la planta.

1. Está pensando ponerla...

_____

2. Está pensando ponerla...

_____

Copyright © 1997 John Wiley & Sons

3. Está pensando ponerla...

   _____

4. Está pensando ponerla...

   _____

5. Está pensando ponerla...

   _____

8.11 Traduzca al español.

1. Anita, instead of watching TV, do you want to rent a video?

   _____

2. Yes! Is the video store **(tienda de vídeos)** far from your home?

   _____

3. No. It's very close (near).

   _____

4. Before going, do you want to order a pizza from Franco's?

   _____

5. Yes! I love Franco's pizza.

   _____

8.12   ¡Vamos a leer! Lea el breve anuncio de la Cruz Roja. Luego, conteste
las preguntas.

Estudio de palabras

1. ¿Cuáles son los verbos (infinitivos) que corresponden a las
   siguientes palabras?

palabra	verbo (infinitivo)
nadadores	_____
aprenda	_____
llame	_____

Copyright © 1997 John Wiley & Sons

Nombre _____ Fecha _____ Clase _____

2. Lea las primeras dos oraciones del anuncio. Por el contexto, ¿puede usted adivinar lo que significan las palabras siguientes en inglés?

español	*inglés*
nadadores	_____
ayuda	_____
seguridad	_____

Preguntas

1. ¿Sabe usted nadar bien?

   _____

2. Cuando usted está en la playa, ¿prefiere estar dentro o fuera del agua?

   _____

3. ¿Le gusta a usted ayudar a los nadadores pequeños?

   _____

ESTRUCTURA IV, *To refer to persons without repeating the name:* **Pronombres preposicionales** (libro de texto, p. 269)

8.13 Complete el diálogo con los pronombres preposicionales apropiados.

Un sábado por la mañana Carmen y Alfonso hablan de la torta que van a preparar para la fiesta sorpresa de Natalia.

CARMEN: Mira, Alfonso. Voy al supermercado para comprar los ingredientes para la torta de cumpleaños de Natalia. ¿Quieres venir (1) con_____?

ALFONSO: Lo siento, Carmen. No puedo ir (2) con_____ ahora porque tengo que hablar con el mecánico. Tengo problemas con el motor de mi coche.

CARMEN: Bueno. Me voy (3) sin _____. Linda va a venir al apartamento a las cuatro para preparar la torta (4) con_____. Si quieres ayudarnos, y si no tienes tu coche, puedes venir a las cuatro (5) con _____.

ALFONSO: Sí, claro. Siempre me gusta trabajar (6) con _____. ¡Y soy especialista en decoración de tortas!

CARMEN: ¡Sí! El año pasado, cuando celebramos mi cumpleaños, decoraste una torta magnífica (7) para _____.

ALFONSO: Natalia va a estar muy sorprendida esta noche. Compré un regalo muy interesante (8) para _____. ¡ (9) A _____ le encantan las fiestas sorpresa!

CARMEN: ¡Y (10) a _____ nos encanta organizarlas!

ESTRUCTURA V, *Stating purpose, destination, cause, and motive:* **Para y por** (libro de texto, pp. 270–271)

8.14 Cuando usted y sus amigos o amigas van al centro, ¿para qué van a los lugares que siguen? Escriba oraciones según el ejemplo.

    Ejemplo   al museo

        Vamos al museo para ver el arte.

1. a la biblioteca

    _____

2. al parque

    _____

3. al restaurante "Roma"

    _____

4. al cine

    _____

5. al bar

    _____

8.15 Leti va de compras esta tarde y tiene su lista.

Esta tarde....

tortillería ~ tía Elisa
pastelería ~ la vecina
chocolatería ~ Óscar
frutería ~ la abuela
lechería ~ mamá

Copyright © 1997 John Wiley & Sons

Primero, diga para qué ella va a cada tienda. Después, diga para quién compra las comidas indicadas.

1. Va a la tortillería.

   Va a la tortillería para comprar tortillas.

   Las compra para la tía Elisa.

2. Va a la pastelería.

   _____

   _____

3. Va a la chocolatería.

   _____

   _____

4. Va a la frutería.

   _____

   _____

5. Va a la lechería.

   _____

   _____

Cuando Leti volvió a casa, cada persona le dio las gracias. ¿Qué dijeron?

6. La tía Elisa le dijo: _"Gracias por las tortillas."_

7. La vecina le dijo: _____

8. Óscar le dijo: _____

9. La abuela le dijo: _____

10. Mamá le dijo: _____

¿Cuánto pagó Leti por cada comida?

11. tortillas/$2.00 _Pagó $2.00 por las tortillas._

12. pasteles/$5.00 _____

13. chocolates/$10.00 _____

14. fruta/$6.00 _____

15. leche/$3.00 _____

8.16 ¿Qué hizo Tomás? Complete las oraciones. Use **por** o **para.**

1. Elena, la novia de Tomás, estuvo en el hospital _____ una semana.

2. Tomás fue al hospital _____ visitarla.

3. A ella le gustaba leer y necesitaba más libros. Tomás fue a la librería _____ ella porque ella no podía salir del hospital.

4. También fue a una florería _____ comprar rosas.

5. Compró las rosas _____ quince dólares.

6. Después, Tomás volvió al hospital y le dijo: "Elena, ¡tengo tres libros nuevos y estas rosas _____ ti!"

7. Ella le dijo: "¡Gracias _____ los libros y las flores!"

8. A las ocho de la noche Tomás salió del hospital. Salió _____ su casa.

9. Pasó _____ un parque muy bonito y _____ una avenida con muchas luces.

10. Al llegar a casa, preparó algo _____ comer.

11. Después, miró la televisión _____ una hora y trabajó en un proyecto que tenía que terminar _____ el lunes.

12. Tomás era estudiante y también trabajaba _____ una compañía de contabilidad.

REPASO GENERAL: Capítulo 8

8.17 Conteste con oraciones completas.

1. Cuando usted era niño(a), ¿qué hacía cuando estaba solo(a) en casa?

_____

2. Cuando usted era niño(a), ¿qué hacía durante las vacaciones?

_____

Copyright © 1997 John Wiley & Sons

Nombre _____ Fecha _____ Clase _____

3. Cuando usted estaba en la escuela secundaria, ¿qué hacía en vez de estudiar?

_____

4. En la fiesta, ¿qué hacían los estudiantes cuando el policía entró?

_____

5. En la clase de español, ¿qué hacían usted y sus amigos cuando su profesor(a) entró?

_____

6. Después de la clase, ¿para qué fueron usted y sus amigos al centro estudiantil?

_____

8.18 Describa el escenario. Use el imperfecto y el pretérito.

a) Diga la hora y la estación.
b) Describa la sala (En la sala **había**...)
c) Describa el tiempo y lo que se **veía** por la ventana.
d) Describa lo que hacían los abuelos y el gato.
e) Luego indique algo que ocurrió (o una serie de cosas que ocurrieron) para interrumpir la tranquilidad de la escena nostálgica.

(*continuado*)

_____

_____

_____

_____

_____

_____

Copyright © 1997 John Wiley & Sons

Ejercicios escritos: Capítulo 9

VOCABULARIO: La vida diaria (libro de texto, pp. 282–283)

9.1 Crucigrama.

Horizontal

1. El acto de sentirse intranquilo, con un poco de miedo, por ejemplo, antes de los exámenes.

2. El acto de hablar mal de las cosas que no te gustan o que te molestan.

3. Hay mucho...en la residencia de estudiantes, y también en las fiestas cuando hay muchas personas y una banda de música.

4. El acto de quitarse el pelo con navaja.

5. El acto de decir "adiós".

6. El acto de quitar el agua del cuerpo, del pelo, etc. con toalla o secador.

7. El acto de usar el peine.

8. Lo contrario de **ponerse** la ropa es...la ropa.

9. El acto de lavarse el cuerpo en la bañera.

10. El acto de ponerse en la cama al final del día.

(continuado)

11. El acto de salir de la cama por la mañana.
12. ¡Ja, ja, ja!
13. El acto de tomar asiento (*seat*).

Vertical

1. Lo que se usa para peinarse el pelo.
14. Lo que pasa cuando estamos tristes y un líquido sale de los ojos.
15. El acto de tomar la ducha.
16. Las tijeras sirven para...el pelo.
17. El acto de abrir los ojos después de dormir es...

18. Lo contrario de **quitarse** la ropa es...la ropa.
19. El acto de ir a una fiesta, bailar, escuchar música, etc. es...
20. El acto de limpiarse los dientes con pasta de dientes y cepillo es...los dientes.
21. Ponerse (*to become*) furioso.
22. Ponerse enfermo.
23. El acto de limpiarse las manos en el lavabo con agua y jabón.
24. El acto de ponerse la ropa, los zapatos, etc.
25. Lo que hace el despertador para despertarnos.

9.2 ¡Vamos a leer! Lea el anuncio que se encuentra en la página 111. Luego, conteste las preguntas.

¿Sabes por cuánto tiempo funciona tu desodorante?

1. Lea la primera parte del anuncio. Por el contexto, ¿puede usted adivinar lo que significan las siguientes palabras en inglés?
   funciona = _____; **desvanecerse** = _____
2. Según la propaganda, ¿cuándo empieza a desvanecerse el efecto de muchos desodorantes?

_____

¿Sabías que el estrés emocional provoca tanta transpiración como el ejercicio físico?

3. Lea la segunda parte del anuncio. Por el contexto, ¿puede usted adivinar lo que significan las siguientes palabras en inglés?
   transpiración = _____; **presión** = _____;
   caminata = _____; **abdominales** = _____
4. ¿Cuáles son dos cosas emocionales que provocan la transpiración? ¿y dos actividades físicas?

_____

_____

Ahora sí: protección de verdad por más de 24 horas.

6. ¿Cuánta protección da el nuevo *Speed Stick?*

_____

7. ¿Qué marca de desodorante usa usted? ¿Funciona bien?

_____

Copyright © 1997 John Wiley & Sons

Nombre _____ Fecha _____ Clase _____

Fue superado el record en protección desodorante.

Nuevo Speed Stick de Mennen, es el campeón.

¿Sabes por cuánto tiempo funciona tu desodorante?

¿Sabías que el estrés emocional provoca tanta transpiración como el ejercicio físico?

Ahora sí: protección de verdad por más de 24 horas.

Es verdad: algunos funcionan por más tiempo . . . otros por menos. Todos empiezan muy bien . . . por lo menos los primeros cincuenta o sesenta minutos. Pero el efecto desodorante de muchos productos empieza a desvanecerse a las cuatro o cinco horas y hay algunos productos que han dejado de funcionar casi por completo antes de seis horas. Y esto sucede aun cuando las personas están sometidas a un ritmo de trabajo y de presión normal.

Los expertos lo han comprobado. La presión en el trabajo, la emoción del éxito, la tensión antes de revelarse los resultados . . . todo esto produce tanta transpiración, como una intensa caminata o una centena de abdominales: Y resulta que, cuando empieza tu día, no sabes exactamente cuáles son los desafíos físicos y emocionales a los que te enfrentarás. Por eso necesitas un desodorante en el que puedas confiar . . . sin importar cómo es tu día.

Recientemente, Speed Stick lanzó al mercado una nueva fórmula en su línea de productos, que rompió el record de duración en protección desodorante. Esta fórmula que la compañía fabricante Mennen ha llamado de "Ultra Protección", se mantiene en un nivel superior al 70% de efectividad después de 24 horas de aplicación, comprobado. El éxito de la fórmula se debe a una tecnología exclusiva, desarrollada por Mennen, que fue probada extensivamente en una enorme variedad de situaciones y contra la gama más amplia de competidores a nivel mundial.

ESTRUCTURA I, *Talking about daily routines and emotions or conditions:* **Los verbos reflexivos** (libro de texto, pp. 286–287)

9.3 Usando los verbos en la *Columna A*, escriba una lista de su rutina de todas las mañanas. Primero, determine el orden lógico de las actividades. Luego, escriba la actividad en la *Columna B*, usando la forma **yo** del verbo en el presente.

Columna A	*Columna B*
vestirse	1. Me despierto a las ocho. _____
afeitarse	2. _____
levantarse	3. _____
despertarse a las...	4. _____
cepillarse los dientes	5. _____
bañarse	6. _____
lavarse el pelo	7. _____
quitarse los pijamas	8. _____
secarse	9. _____
desayunar	10. _____
ponerse los zapatos	11. _____

9.4 Varias personas hicieron la misma cosa. Escriba la forma correcta del verbo en el pretérito según la persona indicada.

Ejemplo Antes de ir a la fiesta, *me duché*.
(Antonio) **Se duchó.**

1. Antes de ir a la fiesta, *me peiné*; (Susana) _____; (tú) _____; (nosotros) _____

2. *Me vestí*; (Juan) _____; (nosotros) _____; (mis hermanos) _____

3. *Me puse* la chaqueta nueva; (tú) _____...; (Felina) _____...; (Pedro) _____...

4. *Fui* a la fiesta; (mis amigos) _____...; (nosotros) _____...; (Sonia) _____...

Copyright © 1997 John Wiley & Sons

Nombre _____ Fecha _____ Clase _____

5. *Me divertí*; (nosotros) _____; (Alberto)

_____; (los estudiantes)

_____

6. *Me reí* mucho; (Óscar) _____...; (mis

amigas y yo) _____...; (Norma y Ana)

_____...

7. *Me despedí* a medianoche; (ustedes) _____...;

(Carolina) _____...; (nosotras)

_____...

9.5 Conteste las preguntas con oraciones completas. Preste atención al
tiempo del verbo (presente, pretérito, imperfecto).

1. ¿De qué se preocupa usted?

_____

2. ¿De qué se queja usted?

_____

3. ¿Se enferma usted frecuentemente en el invierno?

_____

4. ¿Cómo se siente usted hoy?

_____

5. ¿A qué hora se levantó usted esta mañana?

_____

6. ¿Se bañó usted esta mañana? ¿Se peinó?

_____

7. ¿Fue usted a una fiesta el fin de semana pasado? ¿Se divirtió usted?

_____

8. Cuando usted y sus amigos(as) estaban en la escuela secundaria,
¿se divertían mucho? ¿Se preocupaban mucho de las notas?

_____

_____

9.6 Pobre Antonio. Es lunes por la mañana. Escriba lo que él dice. Antonio habla de **a)** cómo se siente, **b)** lo que no quiere hacer, y **c)** lo que tiene que hacer.

Ahora, conteste las preguntas personales con oraciones completas.

1. ¿A qué hora suena su despertador los lunes por la mañana?

_____

2. ¿Se levanta usted inmediatamente?

_____

3. Después de levantarse, ¿qué hace usted?

_____

9.7 Traduzca al español. Use la expresión **acabar de** + *infinitivo.*

1. I have just gotten up.

_____

2. My roommate has just gotten dressed.

_____

3. Our friends have just left the dorm.

_____

Copyright © 1997 John Wiley & Sons

ESTRUCTURA II, *Talking about each other:* **Los verbos reflexivos para indicar una acción recíproca**
(libro de texto, pp. 291–292)

9.8 Leti está enamorada de Óscar. Ella escribe en una página de su diario (*diary*) la historia de su mutuo amor. Lea la historia e indique lo que pasó.

el 14 de febrero – nos conocimos en la fiesta
      de Carmen

el 15 de febrero – nos encontramos en el parque

el 21 de febrero – caminamos por la Avenida
      Mayo y nos besamos

el 3 de mayo – cenamos en un restaurante y
      hablamos mucho. Nos enamoramos.

un año más tarde – ¡nos comprometimos!

1. ¿Qué pasó el 14 de febrero?

   Leti y Óscar se... _____

2. ¿Qué pasó el 15 de febrero?

   _____

3. ¿y el 21 de febrero?

   _____

4. ¿y el 3 de mayo?

   _____

   _____

5. ¿y un año más tarde?

   _____

9.9   Alex y Elena hablan de la relación entre Tom y Teresa, dos amigos suyos. Complete las oraciones. Use el pretérito o el imperfecto según el contexto.

ALEX: Cuando Tom y Teresa (ser) (1) _____ novios, siempre (llevarse) (2) _____ _____ bien. Nunca (pelearse) (3) _____ _____. (quererse) (4) _____ _____ mucho.

ELENA: Sí, y dos años después de conocerse, (casarse) (5) _____ _____. ¡Qué bonita (ser) (6) _____ la boda (*wedding*)!

ALEX: Pero... ¿Qué pasó? ¿(divorciarse) (7) _____ _____?

ELENA: No. Creo que (tener) (8) _____ un desacuerdo (*disagreement*) muy grande y (separarse) (9) _____ _____ por dos o tres meses. Pero (resolver) (10) _____ sus problemas y ahora están juntos.

ALEX: Me alegro (*I'm glad*). Son una buena pareja.

ESTRUCTURA III, *Describing how actions take place:* Los adverbios (libro de texto, pp. 295–296)

9.10   Tom y Teresa subieron una montaña de 16.000 pies de altura. ¿Qué pasó? Complete las oraciones con el adverbio que mejor (*best*) corresponda a la situación. (Escriba el adverbio de cada adjetivo que sigue.) No repita ningún adverbio.

adjetivos: **probable, enérgico, fácil, frecuente, lento, rápido, inmediato**

1. Por la mañana, con mucho entusiasmo, empezaron a escalar la montaña caminando _____ (con mucha energía).

2. Por la tarde, un poco cansados, caminaban más

_____.

3. A causa de la altura (*altitude*) y la sed que tenían, tuvieron que tomar agua y descansar _____.

4. A las cuatro de la tarde, llegó una tormenta. Tuvieron que bajar de la montaña _____ e

_____.

5. Pero a causa del viento, de la lluvia y los relámpagos, no pudieron bajar _____.

6. _____ estuvieron muy cansados al volver al coche.

Copyright © 1997 John Wiley & Sons

Nombre _____ Fecha _____ Clase _____

ESTRUCTURA IV, *Describing what has happened:* **El presente perfecto** (libro de texto, pp. 297–299)

9.11 Usted vuelve a la universidad un domingo por la noche después de haber pasado una semana fuera de la universidad. ¿Qué ha ocurrido? Escriba oraciones con la información que sigue.

Ejemplo Rubén *vender* su motocicleta.

Rubén *ha vendido* su motocicleta.

1. Camila *limpiar* su apartamento. ¡Qué sorpresa!

   _____

2. Esteban *recibir* un cheque grande y *comprar* un estéreo.

   _____

3. Alfonso y Natalia *ir* a Mt. Palomar para ver el famoso observatorio.

   _____

4. Linda y Manuel *encontrar* trabajo.

   _____

5. Carmen *escribir* un cuento (*story*) original.

   _____

6. Javier *devolver* los libros de todos sus amigos a la biblioteca.

   _____

9.12 ¿Qué no han hecho ustedes, "los inocentes"? Escriba oraciones. Use el presente perfecto en la forma **nosotros.**

Ejemplo no *oír* nada

No *hemos oído* nada.

1. no *decir* nada

   _____

2. no *hacer* nada

_____

3. no *romper* nada

_____

4. no *ver* nada

_____

5. no *poner* nada en el escritorio de la profesora

_____

6. no *abrir* los regalos

_____

9.13 ¿Qué preguntas le hace la madre a la niña? ¿Qué contesta la niña? Escriba las preguntas y las respuestas. Siga los ejemplos. ¡Cuidado con los pronombres!

Ejemplos   escribir la composición

MADRE: **¿Has escrito la composición?**

NIÑA: **Sí, la he escrito.**

secarte el pelo

MADRE: **¿Te has secado el pelo?**

NIÑA: **Sí, me lo he secado.**

1. sacar la basura

MADRE: _____

NIÑA: _____

2. hacer la cama

MADRE: _____

NIÑA: _____

3. terminar la tarea

MADRE: _____

NIÑA: _____

Copyright © 1997 John Wiley & Sons

Nombre _____ Fecha _____ Clase _____

4. lavarte las manos

   MADRE: _____

   NIÑA: _____

5. cepillarte los dientes

   MADRE: _____

   NIÑA: _____

6. vestirte

   MADRE: _____

   NIÑA: _____

7. ponerte los zapatos

   MADRE: _____

   NIÑA: _____

9.14 Traduzca al español.

1. Pepe, have you heard? Susana's dog has died.

   _____

2. No. Have you talked with her?

   _____

3. We haven't seen her.

   _____

4. She hasn't returned yet **(todavía).**

   _____

5. Her neighbors say that she has gone to Chicago.

   _____

BIEN DICHO: ¡Ya no! (libro de texto, p. 302)

9.15   Indique que ciertas personas comen **demasiadas** papas fritas,
demasiado chocolate, etc. Luego indique que van a **dejar de
comer** las comidas que siguen.

Ejemplo   yo/papas fritas
Como demasiadas papas fritas.
Voy a dejar de comerlas.

1. (yo)/chocolate _____

   _____

2. mi padre/hamburguesas _____

   _____

3. (nosotros)/postres _____

   _____

4. mis amigos/pizza _____

   _____

ESTRUCTURA V, *Describing what had happened:* **El pasado perfecto** (libro de texto, pp. 303–304)

9.16   Las personas **dijeron** que nunca **habían hecho** las cosas indicadas.
Escriba oraciones con las palabras que siguen. Use el pretérito y el
pasado perfecto según el ejemplo.

Ejemplo   Carlos/*decir*/nunca *ir* a Europa
Carlos *dijo* que nunca *había ido* a Europa.

1. mis amigos/*decir*/nunca *viajar* a España

   _____

2. (nosotros)/*decir*/nunca *ver* el Estrecho de Gibraltar

   _____

3. Carmen/*decir*/nunca *comer* una paella

   _____

4. (tú)/*decir*/nunca *tomar* sangría

   _____

Copyright © 1997 John Wiley & Sons

5. (yo)/*decir*/nunca *ir* a una corrida de toros

_____

REPASO GENERAL: Capítulo 9

9.17 Conteste con oraciones completas.

1. ¿Qué hace usted por la mañana al levantarse? (tres actividades—verbos reflexivos)

_____

_____

2. ¿Qué hizo usted anoche antes de acostarse? (tres actividades—verbos reflexivos)

_____

_____

3. ¿Qué cosas interesantes o divertidas ha hecho usted recientemente?

_____

_____

9.18 Describa el amor de Linda y Manuel (¡Use la imaginación!):

a) dónde y cómo se conocieron (pretérito);
b) sus sentimientos, etc. (presente);
c) y su posible futuro (**van a...**).

_____

_____

_____

_____

Ejercicios escritos: Capítulo 10

VOCABULARIO: Coches y carreteras (libro de texto, pp. 316–317, 319)

10.1 Crucigrama.

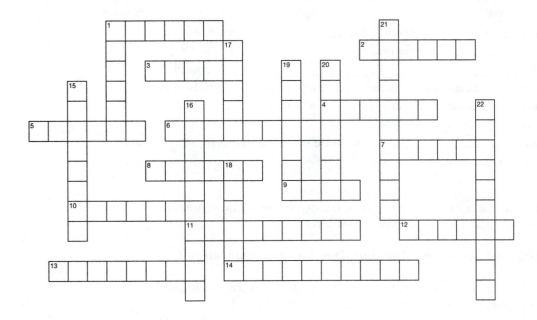

Horizontal

1. Pasar de un lado (*side*) al otro. Usamos un bote para...el río.
2. Continuar.
3. Lo que tenemos que pagar cuando manejamos demasiado rápido.
4. La estructura que usamos para cruzar el río.
5. Una carretera pequeña.
6. Un camino grande que seguimos para pasar de un estado a otro.
7. Necesito gasolina. Tengo que...el tanque.
8. Cuando está desinflada tenemos que ponerle aire o cambiarla.
9. Lo que ponemos en la llanta.
10. En la estación de servicio debemos...el aceite.
11. No debemos doblar a la derecha. Debemos doblar a la...
12. Si no podemos seguir recto o derecho, tenemos que...a la izquierda o a la derecha.
13. La línea que divide dos países.
14. Debemos...el coche en el garaje.

(continuado)

Vertical

1. El vehículo grande que usamos para transportar cosas.
15. La luz que controla el tránsito.
16. La ventana delantera del coche.
17. Lo que tenemos que hacer cuando la luz del semáforo está en rojo.
18. Donde ponemos la gasolina.
19. Lo contrario de **izquierda.**
20. Necesitamos arreglar o...el motor cuando no funciona bien.
21. La llanta necesita aire. Está...
22. Al entrar en el coche y sentarse, es necesario...el cinturón.

10.2 Describa sus hábitos como conductor (*driver*). Complete las oraciones usando los verbos y las expresiones que siguen. Use el tiempo presente del verbo, o el infinitivo, según la oración.

estacionar, abrocharme, acordarme, olvidarme, tener cuidado, tener prisa, ponerme impaciente, tratar de...

1. Cuando _tengo_ mucha _____, a veces (yo) _____ _____ de _____ el cinturón.
2. Para no tener un accidente, debo _____ más _____ cuando manejo.
3. A veces, _____ _____ _____ cuando estoy detrás de una persona que maneja muy despacio. Si no hay una línea doble en el camino, con frecuencia, _____ _____ pasar a la persona.
4. Al _____ el coche en el garaje, siempre _____ _____ de apagar la radio.

10.3 Complete cada oración con una de las expresiones que siguen. A veces hay más de una respuesta posible.

¡Caramba! ¡Ay de mí! ¡Qué lío! ¡Qué lástima! ¡Qué suerte!

1. ¡Llegué al concierto muy tarde y no pude encontrar un lugar de estacionamiento! Dije: "¡_____!"
2. Por llegar tarde, perdí la primera media hora del concierto. Dije: "¡_____!"
3. Al salir del concierto encontré $20.00. Dije: "¡_____!"
4. En la calle había mucha, mucha gente, dos accidentes y tres ambulancias. Dije: "¡_____!"
5. No pude recordar dónde estacioné el coche. ¡Busqué por media hora! Dije: "¡_____!"

Copyright © 1997 John Wiley & Sons

Nombre _____ Fecha _____ Clase _____

ESTRUCTURA I, *Expressing subjective reactions to the actions of others:* **El subjuntivo** (libro de texto, pp. 322–324)

10.4 Sus padres recomiendan que **su primo Martín** haga ciertas cosas y que **usted y su hermano(a)** hagan las mismas (*same*) cosas.

  Ejemplo Mis padres recomiendan que...

     (*comprar* seguro de automóvil)

     ...Martín *compre* **seguro de automóvil.**

     ...nosotros *compremos* **seguro de automóvil.**

Mis padres recomiendan que...

1. (*hacer* el viaje)

 ...Martín _____

 ...nosotros _____

2. (*llenar* el tanque)

 ...Martín _____

 ...nosotros _____

3. (*revisar* las llantas)

 ...Martín _____

 ...nosotros _____

4. (*reparar* los frenos)

 ...Martín _____

 ...nosotros _____

5. (*tener* cuidado)

 ...Martín _____

 ...nosotros _____

6. (*salir* temprano)

 ...Martín _____

 ...nosotros _____

7. (*manejar* despacio)

...Martín _____

...nosotros _____

8. (*ir* a la costa)

...Martín _____

...nosotros _____

9. (*pedir* las direcciones antes de salir)

...Martín _____

...nosotros _____

10. (*seguir* la carretera 64 hasta llegar a la costa)

...Martín _____

...nosotros _____

11. (*pensar* en ellos)

...Martín _____

...nosotros _____

12. (*volver* pronto)

...Martín _____

...nosotros _____

ESTRUCTURA II, *Expressing wishes and requests relevant to the actions of others:* **El subjuntivo en los mandatos indirectos**
(libro de texto, pp. 326–327)

10.5 Indique cómo los deseos de algunas personas afectan las acciones de otros. Escriba oraciones con las palabras que siguen. Use el tiempo presente en la primera cláusula y el presente de subjuntivo en la segunda.

Ejemplo (yo) *querer* / que / él *hacerlo*
Quiero que él lo **haga.**

1. Carmen *querer*/ que / (tú) *abrocharte* el cinturón

_____

Copyright © 1997 John Wiley & Sons

2. (yo) *preferir* / que / Pedro *estacionar* el carro aquí

   _____

3. El policía *pedirle* / que / (él) *parar* en la esquina

   _____

4. Mi amiga *sugerir* / que / (nosotros) *ayudarte*

   _____

5. (yo) *recomendar* / que / ustedes *irse* ahora

   _____

10.6 Leti deja (*leaves*) notitas (*notes*) en las puertas de las siguientes personas: su novio Óscar, su compañera de cuarto Anita, y sus amigas Tere y Mónica. Conteste las preguntas completando las oraciones que siguen.

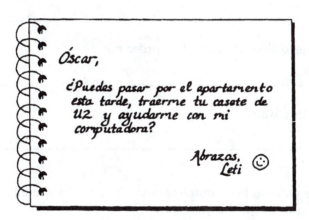

Óscar,

¿Puedes pasar por el apartamento esta tarde, traerme tu casete de U2 y ayudarme con mi computadora?

Abrazos, ☺
Leti

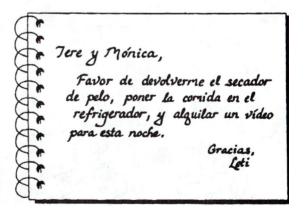

Anita,
   Si tienes tiempo esta tarde, favor de
   · llamar a David
   · comprar champú en la farmacia
   · pedir una pizza para la cena
                              Leti

Tere y Mónica,

   Favor de devolverme el secador de pelo, poner la comida en el refrigerador, y alquilar un vídeo para esta noche.

                    Gracias,
                    Leti

(*continuado*)

1. **¿Qué quiere Leti que haga Óscar?**

   Quiere que pase por el apartamento, que le _____
   _____ y que le
   _____

2. **¿Qué sugiere Leti que haga Anita?**

   Sugiere que _____, que
   _____, y que _____
   _____

3. **¿Qué les pide Leti a Tere y Mónica?** Les pide que le _____
   _____,
   que _____
   _____, y que _____
   _____

10.7   Traduzca al español.

1. Does he wants us to call the policeman?

   _____

2. Sir, he insists that you show him your driver's license.

   _____

3. They recommend that we cross the border now.

   _____

4. I suggest that we wait.

   _____

10.8   Julia quiere que Antonio haga **muchas** cosas. Escriba lo que ella
   dice. (**Antonio, quiero que..., que...,** etc.)

Copyright © 1997 John Wiley & Sons

ESTRUCTURA III, *Expressing emotional reactions and feelings about the actions of others:* **El subjuntivo con expresiones de emoción** (libro de texto, pp. 330–331)

10.9 Leti está contenta y escribe sus sentimientos. ¿De qué se alegra ella? Responda según la información que sigue.

> *Me siento contenta hoy porque....*
> *hace buen tiempo,*
> *Jessica llega mañana,*
> *mis padres me mandan un cheque,*
> *las vacaciones empiezan el viernes, y*
> *¡Óscar y yo vamos a la playa!*

1. *Leti se alegra de que haga buen tiempo.* _____

2. _____

3. _____

4. _____

5. _____

10.10 Indique su reacción a la siguiente información. Escriba oraciones usando el verbo entre paréntesis.

Ejemplo   Mi abuela no *viene* a la reunión.
(sentir) **Siento que no *venga* a la reunión.**

1. Mi abuela *está* muy enferma.

(sentir) *Siento...* _____

2. *Tiene* fiebre.

(temer) _____

3. Ella *puede* hablar con el médico hoy.

   (alegrarse de) _____

4. Ella *se siente* un poco mejor (*better*).

   (esperar) _____

10.11 Ahora, exprese sus sentimientos personales con respecto a su vida (*life*), en este momento y en el futuro. Escriba oraciones originales con los verbos indicados. Use el subjuntivo. (*Remember that a change of subject is necessary for the use of the subjunctive in the second clause.*)

   Ejemplo (alegrarse de) **Me alegro de que mi amiga venga a visitarme.**

   1. (alegrarse de) _____

      y que _____

   2. (esperar) _____

      y que _____

ESTRUCTURA IV, *Giving direct orders and instructions to others:* **Los mandatos *usted* y *ustedes*** (libro de texto, p. 335)

10.12 Los profesores y los estudiantes se dan mandatos. ¿Qué mandatos le da usted a su profesor(a) de español? Escriba la forma **usted** del mandato. Siga el ejemplo.

   Ejemplo abrir la ventana
   Abra la ventana, por favor.

   1. hablar más despacio

      _____

   2. escribir las respuestas en la pizarra

      _____

   3. traducir las oraciones

      _____

Copyright © 1997 John Wiley & Sons

Nombre _____ Fecha _____ Clase _____

4. repetir las preguntas

_____

5. cerrar la puerta

_____

6. leer en voz alta

_____

7. no darnos exámenes difíciles

_____

¿Y qué mandatos les da el profesor o la profesora a ustedes?
Escriba la forma **ustedes** del mandato.

Ejemplo   estudiar el vocabulario
            Estudien el vocabulario.

8. hacer la tarea

_____

9. venir a clase a tiempo

_____

10. aprender los verbos

_____

11. contestar las preguntas

_____

12. ir a la pizarra

_____

13. sentarse, por favor

_____

10.13   Su coche necesita mucha atención. Hoy, al llegar a la estación de servicio, dígale al empleado que haga lo siguiente. Escriba los mandatos usando el pronombre de complemento directo. ¡No se olvide de incluir el acento!

> **Ejemplo**   las llantas/cambiar
> **Cámbielas, por favor.**

1. el aceite/cambiar _____

2. el tanque/llenar _____

3. el motor/arreglar _____

4. los frenos/revisar _____

5. el parabrisas/limpiar _____

6. la tarjeta de crédito/devolverme _____

Y en otra ocasión, usted tiene mucha prisa y le dice al empleado que no haga las siguientes cosas. Escriba el mandato **usted** negativo. Use el pronombre de complemento directo.

> **Ejemplo**   el limpiaparabrisas/reparar
> **No lo repare.**

7. el aceite/revisar _____

8. las ventanas/limpiar _____

9. la llanta/cambiar _____

10. el recibo (*receipt*)/traerme _____

10.14   Traduzca las direcciones al español.

1. Sir, continue straight ahead four blocks.

_____

2. Turn right at the corner of Juárez and Morelos streets.

_____

3. Cross the bridge.

_____

4. Go the stoplight and turn to the left.

_____

Copyright © 1997 John Wiley & Sons

Nombre _____   Fecha _____   Clase _____

5. Park in front of (*opposite*) the library.

_____

10.15   ¡Vamos a leer! Lea el anuncio. Luego, conteste las preguntas que siguen.

Gane un Viaje a Gran Cayman.

Venga a cualquiera de las agencias Toyota que participan en este programa y participe en el sorteo semanal de un viaje ida y vuelta a la exquisita isla de Gran Cayman, cortesía de Cayman Airways. Todo lo que tiene que hacer, es probar uno de nuestros modelos nuevos en exhibición.

No necesita comprar para participar, sólo tiene que ser mayor de 18 años, tener licencia de manejar válida, y ser residente de la Florida. Sólo una participación por persona y sólo un premio por persona. Para más detalles ¡visite la agencia Toyota participante más cercana hoy mismo!

Cayman Airways

Estudio de palabras

1. ¿Cuáles son los cuatro mandatos en el anuncio? Son _____,
   _____, _____, y _____.

2. El anuncio dice que usted puede ganar un viaje a Gran Cayman, si participa en el **Sorteo Semanal** de Toyota. ¿Puede usted adivinar lo que significa **sorteo semanal** en inglés? _____
   _____

3. El premio (*prize*) es un viaje de **ida** y **vuelta** a la isla Gran Cayman. ¿Qué verbo asocia usted con la palabra **ida**? _____ ¿y **vuelta**? _____ ¿Sabe usted lo que significa **viaje de ida y vuelta** en inglés? _____ _____.

4. Para participar en el sorteo usted tiene que **probar** un modelo nuevo de Toyota. ¿Puede usted adivinar lo que significa **probar** en inglés? _____

Preguntas

5. Además de "probar un modelo nuevo," ¿cuáles son los requisitos para participar en el sorteo?

_____

(*continuado*)

6. ¿Ha visitado usted una de islas tropicales en el Caribe? (¿Cuál?)
(¿Cuándo?)

_____

ESTRUCTURA V, _Giving orders and suggestions to a group in which you are included:_ **Los mandatos _nosotros_**
(libro de texto, pp. 340–341)

10.16 Es sábado por la mañana y hace sol. Indique lo que usted y sus amigos quieren o deben hacer. Use las expresiones que siguen y el mandato **nosotros**.

> **Ejemplo** (levantarse) **Levantémonos.**
> (salir ahora) **Salgamos ahora.**

1. (vestirnos) _____

2. (desayunar) _____

3. (ponerse los trajes de baño) _____

4. (poner las toallas y pelotas de voleibol en el coche) _____

_____

5. (ir a la playa) _____

6. (jugar al voleibol) _____

7. (nadar) _____

8. (comer en la playa) _____

9. (divertirse) _____

10. (volver a la universidad el domingo) _____

REPASO GENERAL: Capítulo 10

10.17 Conteste con oraciones completas.

1. Usted está en la estación de servicio. ¿Qué le pide usted al empleado?

_____

2. ¿Qué quiere usted que hagan sus amigos?

_____

Copyright © 1997 John Wiley & Sons

3. ¿Qué espera usted que haga su compañero(a) de cuarto?

_____

4. ¿Qué instrucciones quiere usted darle a su profesor(a) de
   español? (Use el mandato **usted.**)

_____

5. Es viernes por la noche y usted se reúne con sus amigos. ¿Qué
   actividades quiere usted sugerir para todo el grupo? (Use el
   mandato **nosotros.**)

_____

10.18 Octavio y Javier han trabajado todo el verano y han ganado
mucho dinero. Indique su reacción personal y sus
recomendaciones con respecto a lo que ellos deben
hacer con el dinero.

Use: **alegrarse de que...,**

    esperar que...,

    recomendar que..., sugerir que..., pedirles que...

_____

_____

_____

_____

_____

Ejercicios escritos: Capítulo 11

VOCABULARIO: En el aeropuerto y más vocabulario para viajar (libro de texto, pp. 354–355, 356)

11.1 Crucigrama.

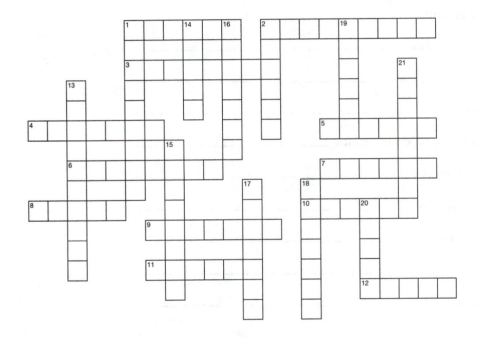

Horizontal

1. Si acabamos de llegar a otro país, tenemos que pasar por este lugar antes de salir del aeropuerto.

2. El documento que mostramos en la aduana.

3. Varias maletas juntas.

4. Lo miramos para averiguar las horas de las salidas y llegadas de los aviones.

5. Para poder viajar en avión es necesario comprar uno de éstos, o de la línea aérea o de un(a) agente.

6. La persona que viaja.

7. Lo que usamos para sacar fotos.

8. Miramos el horario para averiguar las horas de las salidas y llegadas y el número de nuestro...

9. Al bajar del avión, vamos a la sala de reclamación para...nuestro equipaje.

10. Una de las responsabilidades del auxiliar de vuelo o de la azafata es...la comida.

11. Lo contrario de **llegada.**

12. Cuando queremos sacar fotos, ponemos un...de película en la cámara.

(*continuado*)

Vertical

1. Lo contrario de **despegar.**

13. Todos los aviones despegan y aterrizan en este lugar.

14. El vehículo que vuela o pasa por el aire.

15. Lo contrario de **aterrizar.**

16. La mujer que sirve la comida en el avión.

17. Lo contrario de **salida.**

18. Cosa en el avión destinada para sentarse.

19. La persona que maneja el avión.

20. Lo que los aviones, y los pájaros, hacen en el aire.

21. Lo que hacemos con el equipaje grande al llegar al aeropuerto, antes de embarcarnos.

ESTRUCTURAS I, II, *Giving orders and advice to family and friends:* **Los mandatos *tú* afirmativos y los mandatos *tú* negativos** (libro de texto, pp. 358–359, pp. 362–363)

11.2 Usted viaja en avión con su hermanito menor. Dígale que haga las siguientes cosas. Use el mandato **tú** afirmativo.

Ejemplo sentarte   **Siéntate**

1. abrocharte el cinturón _____

2. mirar por la ventana _____

3. tomar el jugo _____

4. leer la revista _____

5. hacer el crucigrama en la revista _____

6. quitarte la chaqueta _____

7. ponerte los zapatos _____

8. tener paciencia _____

9. ser bueno _____

10. dormirte _____

11.3 Óscar va a pasar unas horas en el apartamento de Leti esta tarde antes de que ella y su compañera de cuarto vuelvan. Leti le escribe una notita.

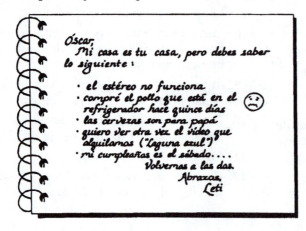

Copyright © 1997 John Wiley & Sons

Según la información en la notita, ¿qué implica Leti? Escriba el mandato **tú** negativo que corresponda a la situación.

1. con respecto al estéreo *No lo uses.* _____

2. con respecto al pollo _____

3. con respecto a las cervezas _____

4. con respecto al vídeo _____

5. con respecto a su cumpleaños _____

11.4 Indíquele a su compañero (a) de cuarto **a)** lo que debe hacer y **b)** lo que no debe hacer según la información que sigue. Escriba el mandato **tú** afirmativo y el negativo. Siga el ejemplo.

Ejemplo *volver* a la residencia más temprano/no...tan tarde
Vuelve a la residencia más temprano.
No vuelvas tan tarde.

1. *levantarte* más temprano/no...tan tarde

_____

2. *acostarte* más temprano/no...tan tarde

_____

3. *apagar* el televisor/no...la computadora

_____

4. *poner* tus cosas en el ropero/no...en el suelo

_____

5. *decirme* la verdad (*truth*)/no...mentiras (*lies*)

_____

6. *ir* a clase/no...al centro estudiantil

_____

7. *salir* con tus amigos/no...esas personas

_____

8. *llevar* tu ropa/no...la mía

_____

11.5 ¡Vamos a leer! Lea el anuncio. Luego, conteste las preguntas.

Estudio de palabras

1. Hay dos mandatos **tú** en este anuncio (uno es regular y el otro irregular). ¿Cuáles son? _____ y

_____

2. ¿Qué verbo en al anuncio significa *hablar con la gente o tener relaciones públicas*? _____

3. ¿Qué significa en inglés la frase: **"Si te atrae la idea..."**?

_____

Preguntas

1. ¿Para qué profesiones nos prepara la Escuela Internacional Tuñón?

_____

2. Según el anuncio, ¿cuáles son dos ventajas (*advantages*) de este tipo de trabajo?

_____

Copyright © 1997 John Wiley & Sons

Nombre _____ Fecha _____ Clase _____

3. De todas las oportunidades que ofrece la Escuela Tuñón, ¿cuál le
   atrae a usted más?

   _____

4. ¿Le atrae a usted la idea de ser azafata o auxiliar de vuelo?

   _____

ESTRUCTURA III, *Expressing doubt, uncertainty or disbelief:*
El subjuntivo con expresiones de duda e incredulidad
(libro de texto, pp. 366–367)

11.6 Exprese sus dudas o reacciones a las circunstancias indicadas.
Conteste las preguntas usando la expresión entre paréntesis. Use el
subjuntivo o el indicativo en la segunda cláusula según la expresión.

Ejemplo   ¿Salimos pronto? (dudar)
           Dudo que salgamos pronto.
           ¿Hay asientos? (estar seguro/a)
           Estoy seguro(a) que hay asientos.

1. ¿Hay una demora muy larga? (no creer)

   _____

2. ¿Muestran películas en el vuelo? (dudar)

   _____

3. ¿Siempre llega el equipaje a su destino? (no estar seguro/a)

   _____

4. ¿Sirven los auxiliares jugo? (estar seguro/a)

   _____

5. ¿Va el vuelo directamente a Lima? (dudar)

   _____

6. ¿Debemos confirmar el vuelo? (Sí, creer)

   _____

11.7 ¿Qué pasa o qué va a pasar en la vida de su mejor amiga o amigo? Exprese sus dudas, etc. Complete las oraciones.

¿Cómo se llama su mejor amigo(a)? Se llama _____

1. Dudo que ella/él _____

2. No estoy seguro(a) que ella/él _____

3. No creo que ella/él _____

4. Estoy absolutamente seguro(a) que ella/él _____

ESTRUCTURA IV, *Using impersonal expressions to state recommendations, emotional reactions, and doubts:* **El subjuntivo con expresiones impersonales** (libro de texto, pp. 368–369)

11.8 Indique su reacción a las circunstancias que siguen. Use la expresión impersonal de la lista que sea la más apropiada.

**Es bueno..., Es improbable.., Es extraño...,
Es urgente..., Es importante..., Es ridículo...**

Ejemplo No *hay* azafatas en este vuelo.
    Es ridículo que no *haya* azafatas en el vuelo.

1. Estoy muy contento(a). El vuelo *sale* en diez minutos.

    _____

2. Pero... ¿dónde están mis amigos? No *están* aquí.

    _____

3. ¡Alguien me dijo que *llegan* en dos minutos!

    _____

4. Me *traen* la maleta que dejé (*I left*) en casa.

    _____

5. ¿*Pueden* subir al avión para dármela?

    _____

6. ¡Tengo hambre! ¡Todos los restaurantes del aeropuerto *están* cerrados!

    _____

Copyright © 1997 John Wiley & Sons

Nombre _____ Fecha _____ Clase _____

11.9 Indique su reacción al dilema del avión sin piloto. Use las expresiones siguientes:

**Es extraño que..., Es imposible que..., Es posible que...,
Es horrible que..., Es una lástima que...**

_____

_____

_____

_____

_____

BIEN DICHO: La estación del ferrocarril
(libro de texto, p. 371)

11.10 Complete las oraciones con la palabra apropiada del vocabulario.

1. Cuando queremos viajar en tren, vamos a la
_____ del _____ .

2. ¡Debemos llegar temprano para no _____ el
tren!

3. Cuando queremos comprar un boleto, vamos a la
_____ .

4. Cuando queremos ir y volver, compramos un boleto de
_____ y _____ .

5. Hay boletos de _____ clase y de
_____ clase.

6. El hombre en la estación de ferrocarril que nos ayuda con las
maletas es el _____ .

7. Le damos una _____ cuando nos ayuda.

8. Antes de comprar comida, debemos ir al
_____ para lavarnos las manos.

ESTRUCTURA V, *Expressing reactions to recent events:*
El presente perfecto de subjuntivo (libro de texto, p. 373)

11.11 Vamos a hacer un viaje a México con nuestra clase de español.
Salimos hoy. ¿Qué **espera** la profesora que hayamos hecho?
Escriba oraciones con la información que sigue. Use el presente
perfecto de subjuntivo.

> **Ejemplo**   (nosotros) / *levantarnos* temprano
> **Espera que *nos hayamos levantado* temprano.**

1. (nosotros)/hacer las maletas

    Espera que... _____

2. Rubén/*confirmar* los vuelos

    _____

3. (tú)/*reservar* los asientos en el avión

    _____

4. (yo)/*recoger* las etiquetas de identificación

    _____

5. ustedes/*conseguir* las tarjetas de embarque

    _____

6. Esteban y Alfonso/no *olvidarse* de traer sus pasaportes

    _____

7. (nosotros)/*despedirnos* de nuestros amigos

    _____

11.12 Traduzca. Preste atención a los tiempos (*tenses*) diferentes.

1. She has lost her luggage.

    _____

Copyright © 1997 John Wiley & Sons

Nombre _____ Fecha _____ Clase _____

2. It is a shame that they have not found it.

_____

3. I hope that it arrives on the next flight.

_____

REPASO GENERAL: Capítulo 11

11.13 Conteste con oraciones completas.

1. ¿Qué duda usted que hagan sus amigos? (2 cosas)

_____

_____

2. ¿Qué espera usted que hayan hecho sus amigos? (2 cosas)

_____

_____

3. Es urgente que su compañero(a) de cuarto haga ciertas cosas. ¿Qué cosas?

_____

4. Es importante que sus padres hagan ciertas cosas. ¿Qué cosas?

_____

5. ¿Qué instrucciones desea usted darle a su amigo(a)? (mandatos **tú** afirmativo)

_____

6. ¿Qué desea usted que su amigo(a) no haga? (mandatos **tú** negativo)

_____

11.14 Pobre Esteban. **a)** Primero, describa la situación en que se encuentra. ¿Dónde está? ¿En qué condición está? ¿Por qué? ¿Qué pasa? **b)** Luego, indique sus reacciones o sentimientos personales con respecto a la situación. Use las expresiones que siguen:

Es urgente..., Es una lástima..., Recomiendo..., Dudo..., No estoy seguro(a) que...

a) _____

_____

b) _____

_____

_____

_____

Copyright © 1997 John Wiley & Sons

Ejercicios escritos: Capítulo 12

VOCABULARIO: En el hotel (libro de texto, pp. 388–389)

12.1 Crucigrama.

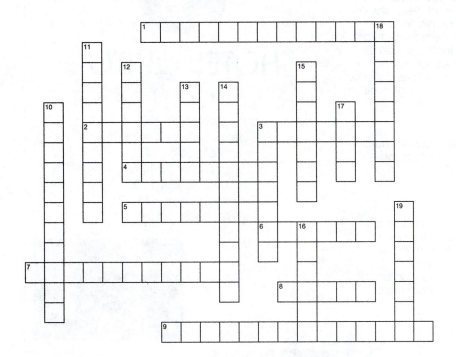

Horizontal

1. La persona que trabaja en la recepción.
2. Es verde. Tiene hojas (*leaves*). La usamos para decorar.
3. El lugar en el hotel donde nadamos.
4. Lo que usamos en el hotel para subir de un piso a otro, pero no es la escalera.
5. Pasar unos días o unas semanas en un lugar, sin salir.
6. Sinónimo de **mensaje.**
7. Lo que se dice a los huéspedes cuando llegan a un hotel, etc.
8. Sinónimo de **cobija.**
9. Lo que se dice a los recien casados, a los graduados, etc.

Vertical

3. El empleado del hotel que nos abre la puerta cuando entramos.
10. Cuando hace calor prendemos el aire acondicionado. Cuando hace frío encendemos la...
11. El lugar donde los huéspedes se registran.

(continuado)

12. La ponemos en la cama. Normalmente hay dos y queremos que cada una esté muy limpia y blanca.

13. La usamos para abrir la puerta de la habitación.

14. Lo que el huésped o la huéspeda hace al llegar al hotel.

15. La persona que se queda en el hotel.

16. La persona que limpia nuestra habitación en el hotel.

17. El viaje que hacen los recien casados es la luna de...

18. Está en la cama. Al acostarnos, ponemos la cabeza en ella para dormir o descansar.

19. Sinónimo de **recado.**

12.2 ¡Vamos a leer! Lea el anuncio del Hotel Quito en Ecuador. Luego, en la página 149, haga una lista de las **palabras** o **frases más importantes** en cada sección del anuncio. No escriba oraciones completas.

Quito

Rodeados de altas montañas y de valles multicolores, su millón de habitantes vive en dos mundos diferentes: el cielo azul de la vieja ciudad recibe innumerables plegarias de los fieles en las siempre activas iglesias y monasterios coloniales; y en el norte de Quito, los parques, los anchos bulevares, los centros comerciales de estilo europeo y norteamericano del siglo veinte, brillan nítidos bajo el cielo ecuatorial.

El Hotel Quito

Con sus 230 habitaciones y con la mejor ubicación en la ciudad, brinda buen servicio, confort y atención personalizada . . .

Club La Playa

Su actividad física se verá colmada con nuevas experiencias, al disfrutar de un lugar de verdadera inspiración, en la piscina y en los jardines, con una espectacular vista al Valle de Cumbayá. Nuestro baño turco, sauna y gimnasio le esperan . . .

HOTEL QUITO

Avenida González Suárez 2500. P.O. Box 2201
Télex: 2223. INCUIO ED
Fax: 567 284
Telfs.: Conm.: 544 600
Ventas: 234 110
Reservaciones: 543 631
Quito-Ecuador

Restaurantes

Alrededor de los jardines o dentro del Hotel usted puede disfrutar, en cualquiera de nuestros restaurantes, de excelentes platos de alta cocina, siempre en un ambiente especial.

Banquestes y Convenciones

El Hotel Quito ofrece buenas facilidades y gran experiencia para la realización de sus Convenciones y Seminarios.
El Hotel Quito es un lugar tranquilo y bien situado, ideal para sus recepciones. Sus negocios en Quito, se harán posibles en nuestro piso ejecutivo.

Copyright © 1997 John Wiley & Sons

Nombre _____ Fecha _____ Clase _____

1. **Quito:**

   (a) situación geográfica—_____

   (b) la vieja ciudad—_____

   (c) el norte de la ciudad—_____

2. **El Hotel Quito:** _____

3. **Club La Playa:** _____

4. **Restaurantes:** _____

5. **Banquetes y Convenciones:** _____

   _____

   ¿Desea usted pasar unos días en este hotel? ¿Por qué?

   _____

ESTRUCTURA I, *Making indefinite and negative references:* **Más palabras afirmativas y negativas** (libro de texto, pp. 393–394)

12.3 Usted está en un hotel. Indique lo que **algunas** de las personas en el hotel hacen, y lo que **ninguna** persona hace. Escriba dos oraciones según la información. Siga el ejemplo.

   Ejemplo recepcionistas—aceptar cheques de viajero/aceptar efectivo

   Algunos recepcionistas aceptan cheques de viajero.

   Ningún recepcionista acepta efectivo.

1. porteros—llevar uniforme/llevar gafas de sol

   _____

   _____

2. botones—recibir propinas muy grandes/recibir propina pequeña

   _____

   _____

3. criadas—dejar chocolates en las habitaciones/dejar botellas de vino

   _____

   _____

4. huéspedes—quedarse todo el fin de semana/quedarse todo el mes

_____

_____

12.4 Traduzca al español.

1. Someday we are going to stay in that hotel.

_____

2. Tonight there isn't a room (not one room) in this hotel.

_____

3. Neither the doorman nor the receptionist can help us.

_____

4. Either we have to return home or we have to sleep in the car.

_____

ESTRUCTURA II, *Ways to talk about unspecified or nonexistent persons or things:* **El subjuntivo con referencia a lo indefinido o inexistente** (libro de texto, pp. 395–396)

12.5 Usted, huésped o huéspeda en un hotel, tiene varias preguntas. Recibe respuestas contradictorias de las personas que le contestan. Complete las preguntas y las respuestas con la forma correcta del verbo. Use el subjuntivo o el indicativo según el contexto.

1. (entender)

HUÉSPED: ¿Hay algún recepcionista aquí que
_____ inglés?

RESPUESTA #1: No, no hay ninguno que _____
inglés.

RESPUESTA #2: ¡Sí! Hay uno que _____ inglés.

2. (poder)

HUÉSPED: ¿Hay alguien aquí que _____ cambiar
cheques de viajero?

RESPUESTA #1: No, en este momento no hay nadie aquí que
_____ cambiarlos.

RESPUESTA #2: ¡Sí! Una de las recepcionistas dice que
_____ cambiarlos.

Copyright © 1997 John Wiley & Sons

Nombre _____ Fecha _____ Clase _____

3. (vender)

> HUÉSPED: ¿Hay una tienda cerca de aquí que
>
> _____ rollos de película?

> RESPUESTA #1: No, no hay ninguna cerca de aquí que los
>
> _____.

> RESPUESTA #2: ¡Sí! Hay una tienda que los _____. Es
> la farmacia en la esquina.

4. (servir)

> HUÉSPED: ¿Conocen ustedes algún restaurante que
>
> _____ comida japonesa?

> RESPUESTA #1: No, no hay ninguno que _____
> comida japonesa.

> RESPUESTA #2: ¡Sí! Conozco uno que _____ comida
> japonesa. Se llama "Kabuto".

12.6 Traduzca al español.

1. We are looking for a room that has air conditioning.

_____

2. Is there a room that costs less than (**menos de**) $40?

_____

3. There is one that costs $30, but it doesn't have a private bath.

_____

4. We found a hotel that has air conditioning, private baths, and a
   swimming pool!

_____

12.7 Antonio y Miguelito por fin han llegado a Nueva York. ¿Qué buscan?
Complete las oraciones para indicar lo que ellos dicen.

(*continuado*)

1. ¿Dónde nos vamos a quedar? Buscamos un hotel que... _____

   _____

2. Tenemos hambre. Buscamos un restaurante que... _____

   _____

3. ¡Queremos conocer bien la ciudad! Es importante que... _____

   _____

BIEN DICHO: Los números ordinales (libro de texto, p. 399)

12.8 Primero, indique en qué piso está la habitación según el número que sigue el nombre de cada persona. Escriba el número ordinal. Luego, indique quién salió de la habitación y lo que dejó allí. Siga el ejemplo.

Ejemplo **La habitación de Alfonso está en el *primer piso*.**
Salió **de la habitación y *dejó su cámara*.**

Alfonso/(1)

1.

Camila/(3)

2.

Rubén/(5)

3.

Juanito y Elena/(7)

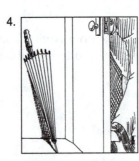
4.

Yo/(10)

Copyright © 1997 John Wiley & Sons

Nombre _____ Fecha _____ Clase _____

1. _____

   _____

2. _____

   _____

3. _____

   _____

4. _____

   _____

ESTRUCTURA III, *Comparing people or things that have the same qualities or quantities:* **Comparaciones de igualdad** (libro de texto, pp. 401–402)

12.9 Haga comparaciones iguales. Escriba una oración según la información en las dos declaraciones.

> **Ejemplo** El recepcionista es amable. El portero también es amable.
> **El recepcionista es tan amable como el portero.**

1. La recepción es grande. La sala de conferencias también es grande.

   _____

2. El restaurante "El Capitán" es elegante. El restaurante "El Jardín" también es elegante.

   _____

3. La vista al lago es impresionante. La vista a las montañas también es impresionante.

   _____

4. La piscina es nueva. La cancha de tenis también es nueva.

   _____

12.10 Usted y su abuela hacen un viaje juntos(as). Indique que usted trajo la misma cantidad (*quantity*) de cada cosa que ella. Escriba la comparación igual.

> **Ejemplo** cheques de viajero
> **Traje tantos cheques de viajero como ella.**

1. rollos de película

   Traje...
   _____

2. dinero

   _____

3. ropa

   _____

4. camisetas

   _____

ESTRUCTURA IV, *Comparing unequal qualities or quantities:* Comparaciones de desigualdad y los superlativos
(libro de texto, pp. 403–405)

12.11 Usted está visitando una ciudad. Escriba comparaciones desiguales entre los lugares indicados. Indique que el primer lugar es **más**... que el segundo.

> **Ejemplo** (grande) la Plaza del Norte/la Plaza del Sur
> **La Plaza del Norte es más grande que la Plaza del Sur.**

1. (alta) la estatua de San Martín/la estatua de Bolívar

   _____

2. (larga) la Avenida Calí/la Calle Tres

   _____

3. (antigua) la catedral/la iglesia San Esteban

   _____

4. (interesante) el museo de arte/el museo de historia

   _____

Copyright © 1997 John Wiley & Sons

Nombre _____ Fecha _____ Clase _____

5. (caro) el restaurante "El Cid"/el restaurante "El Patio"

_____

12.12 Leti ha viajado por todo el país de México pero el lugar que le encanta más es la Península de Yucatán. Le escribe a Óscar una tarjeta postal describiéndole todas las cosas que le fascinan.

Al leerla, Óscar tiene la impresión de que la Península de Yucatán tiene las mejores atracciones del país.

Según lo que Leti dice, él cree que...

1. Las ruinas... *son las más impresionantes del país.* _____

2. La gente yucateca... _____

3. La comida yucateca... _____

4. El clima... _____

5. Las playas... _____

12.13 Traduzca al español.

1. Is this the best hotel in the city?

_____

2. The rooms in this hotel are better than the rooms in that one.

_____

3. No, they are worse.

   _____

4. And they cost more than $50.

   _____

5. Miguel, does your brother travel as much as you (do)?

   _____

6. No. He travels less than I (do).

   _____

ESTRUCTURA V, *Talking about what might or would*
happen under certain circumstances: **El condicional**
(libro de texto, pp. 407–408)

12.14 Muchos huéspedes llegaron a un pequeño hotel. Varias personas en
el hotel **dijeron** lo que **harían** para garantizarles buen servicio.
Escriba oraciones con la información que sigue. Use el pretérito y
el condicional según el ejemplo.

   Ejemplo la criada/*decir*/*limpiar* las habitaciones muy bien
   La criada *dijo* que *limpiaría* las habitaciones muy bien.

1. otra criada/*decir*/que/*hacer* las camas

   _____

2. el botones/*decir*/que/*llevar* todas las maletas a las habitaciones

   _____

3. yo/*decir*/que/*buscar* más toallas

   _____

4. nosotros/*decir*/que/*hablar* personalmente con todos los huéspedes

   _____

5. la recepcionista/*decir*/que/*registrarlos* muy rápido

   _____

6. tú/*decir*/que/*poner* chocolates en todas las almohadas

   _____

Copyright © 1997 John Wiley & Sons

Nombre _____   Fecha _____   Clase _____

7. el cocinero/*decir*/que/*tener* que preparar más comida

_____

8. los dueños (*owners*)/*decir*/que/*venir* al hotel para ayudar

_____

12.15 ¿Qué haría usted en los lugares que siguen? Escriba oraciones usando el condicional. Use la imaginación.

Ejemplo   en Alaska
Viviría en un iglú, comería mucho pescado, etc.

1. en Puerto Rico _____

2. en los Andes _____

3. en la selva amazónica _____

4. en el desierto Sahara _____

REPASO GENERAL: Capítulo 12

12.16 Conteste con oraciones completas.

1. Cuando usted viaja a otra ciudad o a otro país, ¿qué tipo de hotel busca usted?

Busco un hotel que...

_____

_____

2. ¿Conoce usted a algunos estudiantes que hayan estudiado en otro país? (¿Dónde estudiaron?)

_____

_____

3. ¿Tiene usted algún amigo que sea tan inteligente como Einstein?

_____

4. ¿Estudia usted más o menos que su mejor amigo(a)?

_____

5. ¿Toma usted tantas clases como su mejor amigo(a)?

_____

6. En su opinión, ¿quién es el (la) mejor estudiante de la clase?

_____

7. Ayer, ¿qué dijo su compañero(a) de cuarto que haría?

_____

12.17 Observaciones en un hotel.

a) Describa la escena.

b) Compare los perros de la señorita.

c) Indique qué tipo de habitación busca ella (probablemente).

d) Indique lo que ella va a hacer después de registrarse.

Fifi
Churro
Taco

_____

_____

_____

_____

_____

Copyright © 1997 John Wiley & Sons

Ejercicios escritos: Capítulo 13

VOCABULARIO: El mundo de hoy
(libro de texto, pp. 420–421, 429)

13.1 Crucigrama.

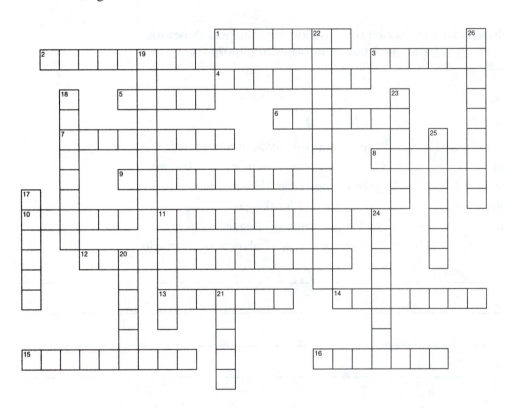

Horizontal

1. Un edificio grande donde se producen aparatos electrónicos, coches, ropa, químicas, etc.
2. Cuando muchas personas no tienen trabajo, hay un problema de...
3. Lo que sufrimos cuando no hay comida.
4. Tomar decisiones o acciones para que algo negativo no ocurra. Por ejemplo, hacemos ejercicio para...un ataque cardíaco.
5. Lo que el criminal hace cuando toma algo ilegalmente, por ejemplo, dinero o joyas.
6. El acto de poner una planta en la tierra.
7. Guardar y proteger para el futuro.
8. Sinónimo de **trabajo.**
9. El resultado de destruir muchas cosas.

(continuado)

10. El acto de asaltar a otra persona.

11. El acto de no usar de una manera eficiente un recurso (*resource*) natural.

12. El resultado de cortar todos los árboles de un bosque.

13. Licor.

14. Cuando encontramos manera de resolver un problema, encontramos una...

15. Lo contrario de **destruir.**

16. El problema que existe cuando muchas personas no tienen dinero para vivir.

Vertical

11. El tabaco, el alcohol, la marijuana, la cocaína, etc. son...

17. El producto que se pone en cigarrillos y cigarros.

18. Debemos...el papel, el aluminio, etc. en vez de ponerlo en el cubo de la basura.

19. Dar protección a algo.

20. Sentir mucho dolor es...

21. La capa de...cubre (*covers*) y protege el planeta.

22. Cuando el aire y el agua están muy sucios, decimos que hay mucha...

23. Un acto criminal.

24. Encontrar una solución al problema es...el problema.

25. Júpiter es un...

26. Algo que puede causarte daño (*harm*) o dolor es...

13.2 ¿Qué **debemos** hacer? Escriba una oración combinando **Debemos** más el verbo en la *Columna A* con la información apropiada en la *Columna B.*

Debemos...

Columna A	Columna B
1. votar	las causas que ayudan a la sociedad
2. escoger	una cura para el cáncer, la SIDA, etc.
3. apoyar	por el mejor candidato
4. encontrar	el peligro de las drogas
5. ayudar	a las personas sin hogar
6. enseñarles a los niños	entre conservar el planeta o destruirlo

1. Debemos votar... _____

2. _____

3. _____

4. _____

5. _____

6. _____

13.3 Traduzca al español.

1. The criminal tried to kill the man because he wanted his money.

_____

Copyright © 1997 John Wiley & Sons

Nombre _____   Fecha _____   Clase _____

2. Because of the violence in our cities, many people die.

_____

13.4   ¡Vamos a leer y escribir! Estos anuncios hablan de algunos de los problemas en nuestro mundo. Léalos y escriba su comentario según las instrucciones que siguen.

a)

Alarma en la central nuclear. La fusión del reactor y la rotura de su contenedor han liberado a la atmósfera una invisible y mortífera nube radiactiva. Empujada por los vientos y arrastrada por la lluvia envenena aguas, pastos y cultivos, hasta que al final llega a los alimentos de nuestra mesa.

Palabras esenciales: **rotura** (*rupture, breakdown*); envenena (*poisons*)

¿Qué efecto tiene la radiación y la contaminación que vienen de la fábrica? Describa lo que pasa.

Primero... _____

_____

_____

b)

¿Alguna vez ha perdido un(a) amigo(a)? (o) ¿Conoce usted a alguien
que haya perdido un(a) amigo(a)?

_____

Si un(a) amigo(a) suyo(a) ha bebido demasiado o está borracho(a) y
quiere manejar, ¿qué le dice usted?

_____

Copyright © 1997 John Wiley & Sons

Nombre _____ Fecha _____ Clase _____

¿Cuáles son las tres recomendaciones que presentan en este anuncio?

_____ _____

_____

ESTRUCTURA I, *Reacting to past actions or events:* **El imperfecto de subjuntivo** (libro de texto, pp. 429–430)

13.5 Indique lo que las personas deseaban. Complete cada oración con la forma correcta del verbo en el imperfecto de subjuntivo.

1. Mi amiga trabajaba para *Green Peace.*
   Ella quería que **yo**...

   (reciclar el aluminio) _____

   (no desperdiciar el agua) _____

   (plantar unos árboles) _____

   (proteger los animales) _____

2. Tu amigo trabajaba para la *Asociación Americana para el Cáncer.*
   Él recomendaba que **tú**...

   (no fumar) _____

   (no tomar demasiado alcohol) _____

   (hacer ejercicio) _____

   (no comer mucha carne) _____

3. Otra amiga trabajaba para *Amnistía Internacional.*
   Ella insistía que **nosotros**...

   (luchar por los derechos humanos) _____

   (escribir muchas cartas) _____

   (no olvidarnos de los prisioneros) _____

   (mandar dinero) _____

4. Otra amiga trabajaba para la *Cruz Roja.*
   Ella les pedía a sus amigos que **ellos**...

   (ir al lugar del desastre) _____

(ser voluntarios) _____

(preparar comida) _____

(darles ropa a los niños) _____

13.6 Cambie las oraciones para indicar que las acciones ocurrieron en el pasado. El primer verbo se cambia al imperfecto y el segundo al imperfecto de subjuntivo.

> **Ejemplo** *Es* importante que los participantes *se registren* para la conferencia.
>
> **Era importante que los participantes se registraran para la conferencia.**

1. *Dudo* que ellos *tengan* las reservaciones.

   _____

2. *Quieren* que el hotel *esté* cerca del capitolio.

   _____

3. *Buscan* un hotel que *sea* económico.

   _____

4. *Esperan* que la conferencia *llame* atención a los problemas del medio ambiente.

   _____

5. *Es* urgente que todo el mundo *lea* las noticias.

   _____

ESTRUCTURA II, *Expressing reactions to past events:* **El pluscuamperfecto de subjuntivo** (libro de texto, p. 433)

13.7 ¿Qué reacción tuvieron a lo que pasó? Complete las oraciones con la información que sigue. Use el pluscuamperfecto de subjuntivo.

> **Ejemplo** La fábrica *contaminó* el agua./Fue una lástima que...
>
> **Fue una lástima que la fábrica *hubiera contaminado* el agua.**

1. *Destruyeron* el bosque./Fue una lástima que...

   _____

Copyright © 1997 John Wiley & Sons

2. *Empezamos* un programa de reciclaje./Se alegraron de que...

_____

3. *Resolví* el problema./Esperaron que...

_____

4. ¡*Encontramos* una solución!/Fue fantástico que...

_____

5. *Ayudaste* a las personas sin hogar./No me sorprendió nada que...

_____

13.8 Traduzca al español.

1. I wanted my friend to go with me.

_____

2. I doubted that she had traveled to South America.

_____

ESTRUCTURA III, *Posing hypothetical situations:* **Cláusulas con si** (libro de texto, p. 436)

13.9 Indique las condiciones y los resultados de las siguientes situaciones imaginarias. Cambie el primer verbo al imperfecto de subjuntivo y el segundo al condicional.

Ejemplo   si (yo) *poder/ayudar* a las personas sin hogar
   Si yo *pudiera, ayudaría* a las personas sin hogar.

1. si (nosotros) *tener* el dinero/*dárselo* a los pobres

_____

2. si (yo) *ser* presidente/*resolver* los problemas económicos

_____

3. si (nosotros) *poder/proteger* el medio ambiente

_____

4. si mi familia *vivir* al lado de un río/no *contaminarlo*

_____

5. si (nosotros) *estar* en la selva Amazonas/no *destruir* el bosque tropical

_____

13.10 Antonio y Miguelito están contemplando las estrellas. ¿Cuáles son sus fantasías? Escriba cuatro oraciones, todas empezando con: **Si yo**... ¡Use la imaginación!

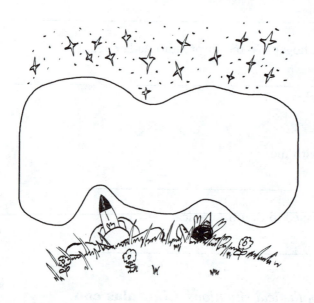

ESTRUCTURA IV, *Expressing hopes, both real and unreal:* **El subjuntivo con *ojalá*** (libro de texto, p. 439)

13.11 Indique sus deseos. Escriba oraciones usando **Ojalá que**... y el imperfecto de subjuntivo.

Ejemplo (ganar la lotería)
   Ojalá que ganara la lotería.

1. (tener un coche nuevo)

_____

2. (poder viajar por todo el mundo)

_____

Copyright © 1997 John Wiley & Sons

Nombre _____ Fecha _____ Clase _____

3. (saber hablar cinco lenguas extranjeras)

_____

4. (ser famoso/a)

_____

5. (conocer a Whoopi Goldberg)

_____

6. (estar en Hawaii)

_____

REPASO GENERAL: Capítulo 13

13.12 Conteste con oraciones completas.

1. Durante su primer año en la universidad, ¿qué quería usted que hiciera o no hiciera su compañero(a) de cuarto?

_____

_____

2. ¿Qué sugerían sus profesores que hiciera usted?

_____

_____

3. Si usted tuviera la oportunidad de viajar a cualquier (*any*) parte del mundo, ¿adónde viajaría usted? ¿Y qué haría allí?

_____

_____

4. ¿Bajo qué condiciones estaría usted contentísimo(a)?

Estaría contentísimo(a) si... _____

_____

13.13 ¿Cuáles eran sus sentimientos y reacciones al pasar una noche en la casa encantada? Descríbalos usando las expresiones siguientes.

Temía que..., Era urgente que..., Era posible que..., Era una lástima que..., Si..., Ojalá que...

_____

_____

_____

_____

_____

_____

Copyright © 1997 John Wiley & Sons

Ejercicios escritos: Capítulo 14

VOCABULARIO: La comunicación, la tecnología y el mundo de negocios (libro de texto, pp. 452–453, 456)

14.1 Crucigrama.

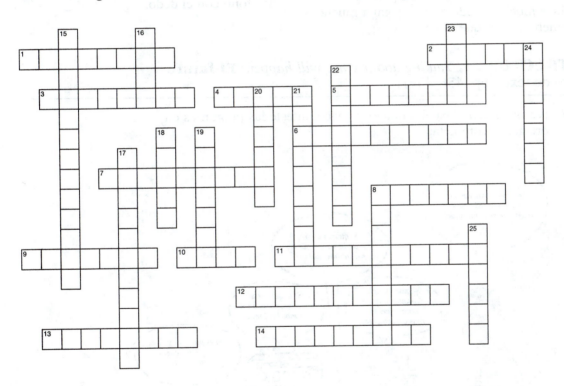

Horizontal

1. Crear productos con valor económico.

2. Muchas veces tenemos una entrevista cuando solicitamos trabajo, empleo o un...en una compañía.

3. Lo que firmamos cuando conseguimos empleo.

4. La cosa que ponemos en la computadora. Contiene los archivos con la información.

5. Poner papeles, etc. en el archivo.

6. La conversación que tenemos con el jefe/la jefa o el/la gerente cuando solicitamos empleo.

7. El documento que completamos cuando solicitamos un puesto.

8. Una compañía grande.

9. Persona que dirige (*directs*) los negocios de una empresa.

10. Una mujer profesional que ocupa un puesto muy importante en una empresa.

(*continuado*)

11. Usamos este aparato para hacer matemáticas.

12. El aparato automático que contesta el teléfono cuando no estamos en casa.

13. Poner o depositar dinero en cosas productivas.

14. La máquina que acompaña la computadora e imprime los trabajos escritos.

Vertical

8. Persona que hace un trabajo por un sueldo o salario. Trabaja para alguien.

15. La máquina que hace copias.

16. Lo que se dice al contestar el teléfono.

17. Máquina electrónica que computa.

18. Cuando una compañía o empresa produce mucho, vende mucho y gana mucho dinero se dice que tiene...

19. La persona que compra o utiliza los servicios de otra persona o de una compañía.

20. Sinónimo de **salario.**

21. Mujer que trabaja para una compañía telefónica y nos ayuda con las llamadas.

22. Se proyectan las imágenes del cine, de la televisión o de la computadora en la... También leemos nuestro correo electrónico allí.

23. Cuando buscamos un número de teléfono, lo encontramos en la... telefónica.

24. Cuando dos personas hablan por teléfono, esa línea está...

25. El acto de indicar los números del teléfono con el dedo.

ESTRUCTURA I, *Talking about what will happen:* **El futuro**
(libro de texto, pp. 458–459)

14.2 ¡Vamos a leer! Lea el anuncio. Luego conteste las preguntas en oraciones completas.

Al menos, hay una familia que siempre
tratará de impresionarle.
La nueva línea de impresoras Xerox.

Copyright © 1997 John Wiley & Sons

Nombre _____ Fecha _____ Clase _____

1. Si quiere imprimir un trabajo pequeño, ¿qué impresora escogerá el hombre? ¿Por qué?

   Escogerá la #1 porque es la más conveniente.

2. ¿Y si quiere imprimir algo a color? ¿Por qué?

   _____

3. ¿Y si quiere imprimir algo grande? ¿Por qué?

   _____

4. ¿Y si es para un grupo? ¿Por qué?

   _____

5. ¿Puede usted adivinar lo que significa **en red**? **en red** =

   _____

6. El anuncio dice que esta "familia" de impresoras siempre tratará de impresionarnos. ¿Qué aspecto de esta "familia" le impresiona a usted más? ¿Qué impresora compraría usted? ¿Por qué?

   _____

   _____

14.3 Usted le hace preguntas a su amigo(a) para averiguar si él/ella **hará** ciertas cosas este verano. Él/ella contesta que sí. Escriba las preguntas y las respuestas.

Ejemplo estudiar español
   (*pregunta*) **¿Estudiarás español?**
   (*respuesta*) **Sí, estudiaré español.**

1. ir a la escuela de verano

   (*pregunta*) _____

   (*respuesta*) _____

2. solicitar empleo

   (*pregunta*) _____

   (*respuesta*) _____

3. trabajar para una empresa grande

(*pregunta*) _____

(*respuesta*) _____

4. ganar mucho dinero

(*pregunta*) _____

(*respuesta*) _____

5. volver a la universidad

(*pregunta*) _____

(*respuesta*) _____

14.4 Sus amigos les hacen preguntas a usted y a su compañero(a) de cuarto para averiguar si ustedes **harán** ciertas cosas el próximo fin de semana. Ustedes contestan que sí. Escriba las preguntas y las respuestas.

> **Ejemplo** ir al centro
> (*pregunta*) **¿Irán ustedes al centro?**
> (*respuesta*) **Sí, iremos al centro.**

1. hacer ejercicio en el gimnasio

(*pregunta*) _____

(*respuesta*) _____

2. salir de la universidad

(*pregunta*) _____

(*respuesta*) _____

3. tener que trabajar

(*pregunta*) _____

(*respuesta*) _____

4. venir a la fiesta en el apartamento

(*pregunta*) _____

(*respuesta*) _____

Copyright © 1997 John Wiley & Sons

Nombre _____ Fecha _____ Clase _____

5. poder traer comida y bebidas

(*pregunta*) _____

(*respuesta*) _____

14.5 Imagínese que usted está sentado(a) frente a este adivino (*fortune teller*). ¿Qué dice él de su futuro? Escriba 4 pronosticaciones. Use el tiempo futuro.

ESTRUCTURA II, *Talking about pending actions:*
El subjuntivo después de conjunciones temporales
(libro de texto, pp. 461, 463)

14.6 ¿Cuándo ocurrirá? ¿Cuándo ocurrió? Complete las oraciones. Use el presente de subjuntivo o el pretérito según el contexto de cada oración.

1a. Llamaré para solicitar una entrevista tan pronto como
_____ (terminar) mi currículum vitae.

1b. Llamé para solicitar una entrevista tan pronto como
_____ (terminar) mi currículum vitae.

2a. Esperaré aquí hasta que la gerente _____
(llamarme).

2b. Esperé aquí hasta que la gerente _____
(llamarme).

3a. Firmaré el contrato después de que ella _____
(hablarme) del sueldo.

3b. Firmé el contrato después de que ella _____
(hablarme) del sueldo.

14.7   Leti tiene algunas preguntas para Óscar. Le deja una notita en la puerta de su apartamento.

Óscar,
¿Cuándo vas a llamarme?
¿Cuándo vas a visitarme?
¿Cuándo vas a ayudarme
   con el proyecto?
¿Cuándo vas a llevarme al
   cine?
¿Cuándo vas a mandarme
   más flores?
                Leti

¿Qué le contesta Óscar? Escriba las respuestas a las preguntas de Leti. Use el tiempo futuro + **cuando** + subjuntivo.

1. (poder) _Te llamaré cuando pueda._____

2. (tener más tiempo) _____

3. (terminar el mío) _____

4. (reparar mi coche) _____

5. (recibir mi cheque) _____

14.8   Traduzca al español.

1a. I will finish the letters of recommendation before leaving.

_____

1b. I will finish the letters of recommendation before they leave.

_____

2a. We will close the office after making the photocopies.

_____

2b. We will close the office after the secretary makes the photocopies.

_____

Copyright © 1997 John Wiley & Sons

Nombre _____ Fecha _____ Clase _____

ESTRUCTURA III, *Expressing condition and purpose:*
**El subjuntivo después de conjunciones de condición y
de finalidad** (libro de texto, p. 465)

14.9 Complete cada oración con la expresión que mejor le corresponda:

con tal que, para que, en caso de que, a menos que

1. Vamos a llamar a nuestra abuela _____
   sepa dónde estamos.
2. No vamos a hablar con la operadora
   _____ tengamos un problema.
3. Vamos a dejar que el teléfono suene muchas veces
   _____ la abuela no lo oiga.
4. Vamos a hablar con nuestros padres también,
   _____ estén allí.

14.10 Complete las oraciones con la forma correcta del verbo entre
paréntesis y una terminación lógica.

1. Voy a Cancún con tal que (yo/conseguir...)

   _____

2. No puedo ir a menos que (yo/recibir...)

   _____

3. Voy a llevar mi sombrero grande en caso de que (hacer...)

   _____

4. Voy a mandarte una tarjeta postal para que (tú/ver...)

   _____

14.11 Traduzca al español.

1. We are going to the beach in order to rest and have a good time.

   _____

2. We are going to the beach so that my younger brother can see the ocean.

_____

_____

REPASO GENERAL: Capítulo 14

14.12 Conteste con oraciones completas.

1. ¿Qué debe hacer usted antes de que termine el año académico?

_____

_____

2. ¿Qué hará usted tan pronto como empiecen las vacaciones?

_____

_____

3. ¿Qué hará usted después de graduarse?

_____

_____

14.13 Usted va a pasar un mes en una isla tropical.

a) Indique tres cosas que usted llevará en caso de que...

b) Indique tres cosas que usted hará tan pronto como llegue.

c) Indique tres cosas que usted hará inmediatamente después de volver a casa.

d) Haga una breve comparación entre la vida en la isla y su vida en casa. ¿Cuál es mejor? ¿Por qué?

_____

_____

_____

_____

_____

Copyright © 1997 John Wiley & Sons

INTEGRACIÓN:
MANUAL DE LABORATORIO

Nombre _____ Fecha _____ Clase _____

Manual de laboratorio: Capítulo 1

A. EJERCICIO ORAL: Las presentaciones (*Oral Exercise: Introductions*)

Answer the questions according to the drawings. Follow the numbers.
Repeat the correct response.

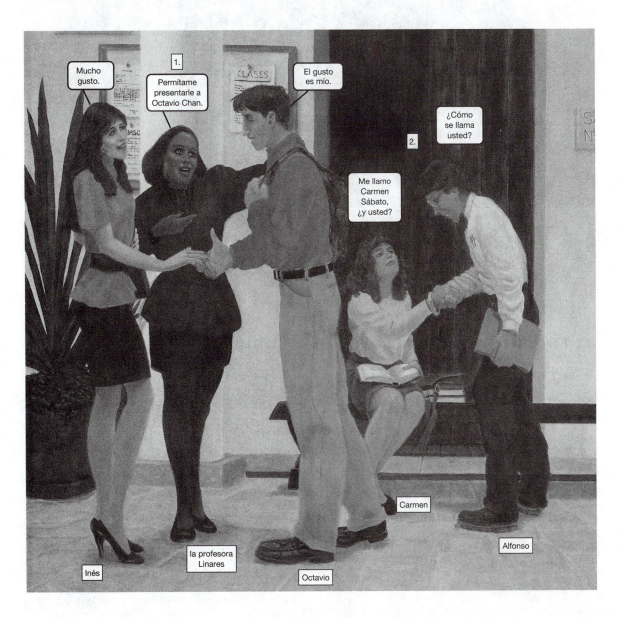

B.   EJERCICIO ORAL: ¿De dónde son? [Estructura I: Los pronombres personales y **ser + de**]

Ask where the individuals are from.

Example	(*tape*)	usted
	(*your response*)	**¿De dónde es usted?**
	(*tape confirmation*)	¿De dónde es usted?
	(*your repetition*)	**¿De dónde es usted?**

C.   EJERCICIO ORAL: Son de los Estados Unidos [Estructura I: continuado]

Indicate that the individuals are from the United States. Do not include the subject noun or pronoun.

Copyright © 1997 John Wiley & Sons

Nombre _____ Fecha _____ Clase _____

Example (*tape*)   Anita

         (*your response*)   **Es de los Estados Unidos.**

         (*tape confirmation*)   Es de los Estados Unidos.

         (*your repetition*)   **Es de los Estados Unidos.**

D. EJERCICIO ORAL: Los saludos, el bienestar y la despedida
(*Greeting each other, inquiring as to well-being, and saying farewell*)

1. You will hear a short, formal dialogue. Repeat each phrase.

. . . . .

2. You will hear a short, informal dialogue. Repeat each phrase.

. . . . .

E. EJERCICIO ESCRITO (*Written exercise*) **Saludos, presentaciones,**
etc.
Each greeting, question, or expression will be read twice. Write a
logical response.

1. _____

2. _____

3. _____

4. _____

5. _____

6. _____

**F. COMPRENSIÓN: NOTICIAS CULTURALES—Los saludos entre
hispanos**
Listen to the following information on three ways in which Hispanics
greet each other. As you listen, complete in writing the statements that
follow.

Entre los hispanos es muy común darse la _____ o darse un
_____ en la mejilla.

También es común, entre hombres, _____ cuando son buenos
amigos.

Now listen again to confirm your responses.

. . . . .

G. **EJERCICIO ORAL: En la clase de español**
Identify each item according to the drawing. Follow the numbers.
Repeat the correct response.

H. **EJERCICIO ORAL: Escriban...** [Estructura II: Artículos y sustantivos]
What does the professor tell the students to write? Give the definite article **(el, la, los, las)** that corresponds to each noun.

Example	*(tape)*	preguntas
	(your response)	**Escriban las preguntas.**
	(tape confirmation)	Escriban las preguntas.
	(your repetition)	**Escriban las preguntas.**

I. **EJERCICIO ORAL: ¿Qué hay en la sala de clase?** [Estructura II: continuado]
Identify the items that are found in the classroom. Use the indefinite articles **(un, una, unos, unas).**

Example	*(tape)*	mesa
	(your response)	**Hay una mesa.**
	(tape confirmation)	Hay una mesa.
	(your repetition)	**Hay una mesa.**

J. **EJERCICIO ORAL: Al plural** [Estructura II: continuado]
Change the reference to indicate more than one.

Example	*(tape)*	el alumno
	(your response)	**los alumnos**
	(tape confirmation)	los alumnos
	(your repetition)	**los alumnos**

Copyright © 1997 John Wiley & Sons

Nombre _____ Fecha _____ Clase _____

K. COMPRENSIÓN: ¿Adónde van? [Estructura III: **ir + a** + destino]

Listen to the following three dialogues in which students are asking each other their destinations. As you listen, place an "x" in each square that represents where a student is going. Listen carefully. Some squares will be left blank.

. . . . .

☐ al gimnasio

☐ a la biblioteca

☐ a la cafetería

☐ a la residencia estudiantil

☐ al laboratorio de biología

☐ al laboratorio de química

☐ a casa

☐ al centro estudiantil

☐ a la oficina de la profesora

☐ a la librería

Now listen to the dialogues again to confirm your responses.

. . . . .

L. EJERCICIO ORAL: ¿Quién (*Who*) va al gimnasio? [Estructura III: continuado]

Ask who is going to the gym. Use the correct form of the verb **ir.** Do not include the subject pronoun.

Example	(*tape*)	él
	(*your response*)	**¿Va al gimnasio?**
	(*tape confirmation*)	¿Va al gimnasio?
	(*your repetition*)	**¿Va al gimnasio?**

M. EJERCICIO ORAL: ¿Adónde van?

Answer the questions in the affirmative to indicate that the individuals are going to the following places.

Example	(*tape*)	¿Vas al cuarto?
	(*your response*)	**Sí, voy al cuarto.**
	(*tape confirmation*)	Sí, voy al cuarto.
	(*your repetition*)	**Sí, voy al cuarto.**

N. EJERCICIO ESCRITO (*Written exercise*): **¡No, no y no!** [Estructura
IV: Preguntas y declaraciones negativas]

Each statement will be read twice. Indicate that the information
provided is not true. Do not repeat the subjects.

> **Ejemplo**   Marta y Mónica son de Alaska. (*repeated*)
>
> (*your written response*)   **No, no son de Alaska.**

1. _____

2. _____

3. _____

4. _____

5. _____

O. COMPRENSIÓN: Los días de la semana [Estructura V: Los días de
la semana]

Listen to the following dialogues in which students are talking about
their weekly schedules. As you listen, write the appropriate day or days
of the week beside each activity.

. . . . .

1. José/la clase de música: Va los _____ y los _____.
2. Paula/laboratorio de biología: Es los _____.
3. Tomás y su amigo/la biblioteca: Van el _____.
4. Los estudiantes/la fiesta: Es el _____.

Now listen to the dialogues again to confirm your responses.

. . . . .

P. EJERCICIO ORAL: ¿Qué hora es? [Estructura VI: ¿Qué hora es?]

Tell the time on each clock.

1. 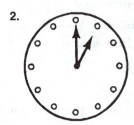   2. 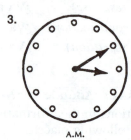   3.

Copyright © 1997 John Wiley & Sons

Nombre _____   Fecha _____   Clase _____

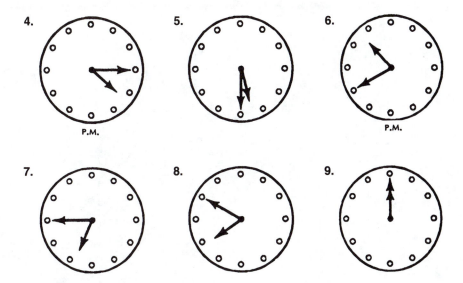

Q. COMPRENSIÓN: PANORAMA CULTURAL—Los hispanos y su idioma

Listen to the information on Hispanics and their language. As you listen, complete in writing the statements that follow.

. . . . .

1. Gran parte de la población hispana es de origen _____,
   _____ o europeo.

2. El español es uno de los _____ idiomas más importantes del mundo.

3. El español también es una lengua muy importante en los
   _____ _____

4. Aproximadamente _____ millones de personas hablan español en este país.

Now listen again to confirm your responses.

. . . . .

Nombre _____   Fecha _____   Clase _____

Manual de laboratorio: Capítulo 2

A. EJERCICIO ORAL: La familia

Exprese la relación entre (*between*) las personas según las fotografías de la familia. Siga (*follow*) los números. Repita la respuesta correcta.

Lucía y Noé, Andrés y Julia Antonio y Elisa
Ana Teo
Elena y Juanito

6. *Andrés y Julia*

7. *Andrés y Julia*

8. *Elena, Noé y Juanito*

9. *Juanito con Ricardo y Tere.*

10. *Juanito*   *Elena*

B. EJERCICIO ORAL/ESCRITO: Algunas profesiones y vocaciones

Identifique la profesión o la vocación de las personas. Siga los
números. Repita la respuesta correcta y luego (*then*) escriba la palabra
en el espacio en blanco (*in the blank*).

abogado _____   _____   _____

Copyright © 1997 John Wiley & Sons

Nombre _____ Fecha _____ Clase _____

C. COMPRENSIÓN: CONVERSACIÓN—**Javier conoce a Natalia**

Escuche la conversación que sigue (*Listen to the conversation that follows*). Preste atención especial a las cuatro preguntas de Javier y Susana (*Pay special attention to Javier and Susana's four questions*). Mientras escucha (*As you listen*), marque con una "x" la respuesta correcta para cada (*each*) pregunta de Javier o de Susana.

. . . . .

preguntas	*respuestas*		
(de Javier)	Susana indica que ella...	☐ es estudiante.	☐ es arquitecta.
(de Susana)	Javier indica que él...	☐ es del Ecuador.	☐ es de Bolivia.
(de Javier)	Susana indica que ella...	☐ es de Chile.	☐ es de Bolivia.
(de Susana)	Javier indica que él...	☐ no tiene hermanos.	☐ tiene tres hermanos.

Escuche la conversación otra vez para confirmar sus respuestas (*Listen to the conversation again to confirm your responses*).

. . . . .

D. EJERCICIO ORAL: Los números de 5 a 105 [Estructura I: Los números de 30–100 y **tener** + **años**]
Diga (*Say*) el número.

5, 10, 15, 20, 25, 30, 35, 40, 45, 50, 55, 60, 65, 70, 75, 80, 85, 90, 95, 100, 105

E. COMPRENSIÓN: Los cumpleaños [Estructura I: continuado]

Listening Hint: To understand the dialogue that follows, you do not need to know the meaning of every word. Listen for key ideas, in this case, the ages of the women spoken about. Try to guess the meaning of words such as **cumpleaños** by the context of talking about how old people are.

Escuche el diálogo que sigue. Anita y su amiga hablan del cumpleaños de Anita y de cuántos años tienen ella, su abuela y sus bisabuelas. Mientras escucha, marque con una "x" la edad de cada persona.

. . . . .

1. Anita tiene... ☐ 20 años ☐ 21 años

2. Su abuela favorita tiene... ☐ 65 años ☐ 55 años

3. Una de sus bisabuelas tiene... ☐ 75 años ☐ 85 años

4. Su otra (*other*) bisabuela tiene... ☐ 87 años ☐ 97 años

Escuche el diálogo otra vez para confirmar sus respuestas.

. . . . .

F. EJERCICIO ESCRITO: ¿Cuántos años tienen? [Estructura I: continuado]
Escriba respuestas para las cinco preguntas que siguen. Cada (*each*) pregunta se repite dos veces.

Ejemplo   ¿Cuántos años tiene su profesor o profesora de español? (*se repite*)
(*respuesta posible*)   **Tiene cincuenta años.**

1. _____

2. _____

3. _____

4. _____

5. _____

G. EJERCICIO ORAL: Vamos a la reunión [Estructura II: Los adjetivos posesivos]

Copyright © 1997 John Wiley & Sons

Nombre _____ Fecha _____ Clase _____

Diga (*Say*) que cada persona va a la reunión con (*with*) su familia. Repita la respuesta correcta.

Ejemplo   ¿Con quién (*with whom*) vas a la reunión?
        (*usted responde*)   **Voy con *mi* familia.**
        (*confirmación*)   Voy con mi familia.
        (*usted repite*)   **Voy con *mi* familia.**
        ¿Con quién va Alberto?
        (*usted responde*)   **Va con *su* familia.**
        (*confirmación*)   Va con su familia.
        (*usted repite*)   **Va con *su* familia.**

. . . . .

Ahora, diga que cada persona va a la reunión con sus amigos.

Ejemplo   ¿Con quién vas a la reunión?
        (*usted responde*)   **Voy con *mis* amigos.**
        (*confirmación*)   Voy con mis amigos.
        (*usted responde*)   **Voy con *mis* amigos.**

H. EJERCICIO ORAL: ¿Quién más va? [Estructura II: continuado]
Indique las otras (*other*) personas que van a la reunión.

Ejemplo   Tú vas a la reunión, ¿verdad? (*right?*)
        (*usted responde*)   **Sí.**
        ¿y tus tíos?
        (*usted responde*)   **Sí, mis tíos van.**
        (*confirmación*)   Sí, mis tíos van.
        (*usted repite*)   **Sí, mis tíos van.**
        ¿y tu padre?
        (*usted responde*)   **Sí, mi padre va.**
        (*confirmación*)   Sí, mi padre va.
        (*usted repite*)   **Sí, mi padre va.**

I. COMPRENSIÓN: NOTICIAS CULTURALES—La familia hispana
Escuche la información que sigue (*Listen to the information that follows*). Preste atención especial a (1) las personas que viven (*live*) en una típica casa hispana y (2) al papel (*role*) de la abuela en la familia. Mientras escucha, complete las oraciones que siguen.

. . . . .

1. En una casa hispana, es muy común encontrar a los _____,
   a los hijos y a los _____ viviendo juntos.

2. En la familia hispana, la _____ es muy importante en la
   educación de los _____ y _____.

3. Normalmente, ella es la persona que cuida a los _____
   cuando los _____ salen o trabajan.

Escuche otra vez para confirmar sus respuestas.

. . . . .

J. EJERCICIO ORAL/ESCRITO: Descripciones [Estructura III: Los
adjetivos descriptivos]

Describa a las personas o cosas (*things*) de los dibujos. Escriba el
adjetivo en el espacio en blanco.

el coche #1   el coche #2

Ejemplo   El coche #1 no es nuevo.

¿Cómo es? (*What's it like?*)

(*usted responde*)   **Es viejo.**

(*confirmación*)   Es viejo.

(*usted escribe*)   viejo

¿Y cómo es el coche #2?

(*usted responde*)   **Es nuevo.**

(*confirmación*)   Es nuevo.

(*usted escribe*)   nuevo

1.

Javier   Pepita

2.

Octavio   Alfonso

3.

Juanito   Noé

Copyright © 1997 John Wiley & Sons

Nombre _____ Fecha _____ Clase _____

4.

Esteban   Natalia

5.

Esteban   Natalia

6.

el vagabundo   Octavio

7.

el ogro   Inés

8.

el ogro   Camila

9.

la casa   la casita

K. EJERCICIO ORAL: Las nacionalidades [Estructura IV: Adjetivos de nacionalidad]

Indique la nacionalidad de las personas.

Ejemplo   El señor Montgomery es de Londres.
(*usted responde*)   **Es inglés.**
(*confirmación*)   Es inglés.
(*usted repite*)   **Es inglés.**

L. EJERCICIO ORAL: ¿Dónde están? [Estructura V:
Estar + localización]
Indique dónde están las personas según las fotografías.

Ejemplo   ¿Dónde está Ricardo?
        (*usted responde*)   **Ricardo está en la escuela.**
        (*confirmación*)   Ricardo está en la escuela.
        (*usted repite*)   **Ricardo está en la escuela.**

Ricardo

1. yo

2. mi amigo y yo

Copyright © 1997 John Wiley & Sons

Nombre _____ Fecha _____ Clase _____

3. yo

4. nosotros

5. mis tíos

6. mi tía Anita

M. EJERCICIO ORAL: ¿Cómo están? [Estructura VI: **Estar** + condición]

Indique cómo están las personas según los dibujos. Escriba el adjetivo en el espacio en blanco.

1. aburrido — Rubén

2. — Camila

3. — Octavio

4. — Alfonso

5. — Carmen

6. — Linda   Manuel

N. EJERCICIO ORAL: Una descripción de Cecilia [Estructura VII: **Ser** y **estar**]

Describa a Cecilia usando **es** o **está** y la palabra indicada.

Ejemplo   inteligente

      (*usted responde*)   **Cecilia es inteligente.**

      (*confirmación*)   Cecilia es inteligente.

      (*usted repite*)   **Cecilia es inteligente.**

      contenta

      (*usted responde*)   **Cecilia está contenta.**

      (*confirmación*)   Cecilia está contenta.

      (*usted repite*)   **Cecilia está contenta.**

Copyright © 1997 John Wiley & Sons

O. EJERCICIO ESCRITO: Preguntas para usted [Estructura VII: continuado]

Escriba respuestas para las siete preguntas que siguen. Cada pregunta se repite dos veces.

Ejemplo ¿Es usted fuerte o débil? (*se repite*)

(*respuesta posible*) **Soy fuerte.**

1. _____

2. _____

3. _____

4. _____

5. _____

6. _____

7. _____

P. COMPRENSIÓN: PANORAMA CULTURAL—Los hispanos en los Estados Unidos

Escuche la información que sigue. Preste atención especial a (1) los lugares (*places*) donde hay muchos hispanos y (2) los países (*countries*) de origen de los hispanos. Mientras escucha, complete las oraciones que siguen.

. . . . .

1. Hay muchos hispanos en ciudades como _____, _____, Chicago y Washington, D.C.

2. La mayoría de los hispanos en los Estados Unidos son de _____, _____ y Cuba.

3. El mayor número de mexicanoamericanos está en los estados de _____, Arizona, Nuevo México y _____.

4. Las mayores comunidades grandes de salvadoreños y nicaragüenses están en _____ y en _____.

Escuche otra vez para confirmar sus respuestas.

. . . . .

Nombre _____ Fecha _____ Clase _____

Manual de laboratorio: Capítulo 3

A. EJERCICIO ORAL: La comida

Identifique las frutas, los mariscos, las legumbres y las carnes según las opciones presentadas. Siga los números. Repita la respuesta correcta.

B. COMPRENSIÓN: CONVERSACIÓN–Con doña Rosa en el mercado público

Escuche la conversación que sigue. Preste atención especial a (1) las legumbres o verduras y frutas que tiene don Andrés hoy y (2) lo que compra doña Rosa. Mientras escucha, marque con una "x" los productos que tiene don Andrés y los productos que compra doña Rosa.

. . . . .

Copyright © 1997 John Wiley & Sons

Don Andrés tiene...		*Doña Rosa compra...*	
tomates	☐	salsa	☐
ajo	☐	fresas	☐
cebollas	☐	tomates	☐
mangos	☐	cebollas	☐
naranjas	☐	lechuga	☐
manzanas	☐	cilantro	☐
fresas	☐		

Escuche la conversación otra vez para confirmar sus respuestas.

. . . . .

C. EJERCICIO ORAL: Las actividades de los estudiantes universitarios [Estructura I: El presente de los verbos regulares **-ar, -er, -ir**]
¿Dónde vive Martín? ¿y los otros estudiantes? ¿Y cuál es la rutina diaria (*daily routine*) de ellos? Repita la primera oración. Luego (*Then*) cambie (*change*) el verbo según la persona mencionada.

Ejemplo   Martín vive en un apartamento.

(*usted repite*)	**Martín vive en un apartamento.**
(*voz dice*)	(yo)
(*usted responde*)	**Vivo en un apartamento.**
(*usted repite*)	**Vivo en un apartamento.**

D. EJERCICIO ORAL: Usted y sus amigos [Estructura I: continuado]
Conteste las preguntas para indicar si usted y sus amigos hacen (*do*) (o no hacen) las siguientes cosas

Ejemplo   ¿Estudian ustedes todos los días?

(*usted responde*)	**Sí, estudiamos todos los días.** (o)
	No, no estudiamos todos los días.
(*confirmación*)	Sí, estudiamos todos los días. (o)
	No, no estudiamos todos los días.
(*usted repite*)	**Sí, estudiamos todos los días.** (o)
	No, no estudiamos todos los días.

E. **EJERCICIO ESCRITO: Preguntas para usted** [Estructura I: continuado]

Escriba respuestas para las ocho preguntas que siguen. Cada pregunta se repite dos veces.

Ejemplo ¿Habla usted mucho? (*se repite*)
(*respuesta posible*) **Sí, hablo mucho.**

1. _____

2. _____

3. _____

4. _____

5. _____

6. _____

7. _____

8. _____

F. **COMPRENSIÓN: NOTICIAS CULTURALES**—¿Sabes que mucha de nuestra comida viene de Hispanoamérica y España?

Escuche la información que sigue. Preste atención especial a (1) los productos que importamos y (2) los países de origen de los productos. Mientras escucha, escriba el nombre del producto que corresponde al país.

. . . . .

España _____

Costa Rica _____

Colombia _____

Argentina _____

Chile _____ _____

Escuche otra vez para confirmar sus respuestas.

. . . . .

Copyright © 1997 John Wiley & Sons

Nombre _____ Fecha _____ Clase _____

G. EJERCICIO ORAL—Más comida y las bebidas

Identifique las comidas y las bebidas según los dibujos. Siga los
números. Repita la palabra correcta.

A.

B.

C.

D.

E.

F.

H. COMPRENSIÓN: En un restaurante mexicanoamericano

*Listening Hint: Remember that you do not need to know the mean-
ing of every word to understand the main ideas conveyed in the dialogue.
In this dialogue, listen for the specific items that the woman and the man
order.*

Escuche el díalogo que sigue. Una mujer y un hombre piden el desayuno en un restaurante. Mientras escucha, marque con una "x" las
comidas y las bebidas que desean ella y él.

. . . . .

Ella desea: ☐ un yogur de fresa   ☐ un yogur de cereza

☐ huevos fritos   ☐ huevos revueltos

☐ pan tostado con mantequilla   ☐ pan tostado sin mantequilla

☐ jugo de naranja   ☐ jugo de manzana

☐ café   ☐ té

Él desea: ☐ huevos fritos   ☐ huevos rancheros

☐ tocino   ☐ salchicha

☐ café con crema y azúcar   ☐ café sin crema y azúcar

☐ jugo de naranja   ☐ agua

Escuche el diálogo otra vez para confirmar sus respuestas.

. . . . .

I.   COMPRENSIÓN: NOTICIAS CULTURALES—El horario hispano
para las comidas

Escuche la información que sigue. Preste atención a las cuatro comidas
(*meals*) que se presentan. Mientras escucha, escriba los nombres de las
cuatro comidas.

. . . . .

_____   _____   _____ y _____

Escuche la información otra vez. Esta vez (*This time*) preste atención a
las horas de las comidas y si la comida es fuerte (*heavy*) o ligera (*light*).
Mientras escucha, marque con una "x" la respuesta correcta.

. . . . .

1. El típico desayuno hispano es...   ☐ fuerte   ☐ ligero

2. La comida más fuerte del día es...   ☐ el almuerzo   ☐ la cena

3. Se almuerza normalmente a las...   ☐ 12:00   ☐ 2:00

4. Es común comer la merienda...   ☐ por la tarde   ☐ por la noche

5. En los países hispanos cenan...   ☐ temprano   ☐ tarde

Copyright © 1997 John Wiley & Sons

J. **EJERCICIO ORAL: Solicitando información** [Estructura II: Palabras interrogativas]

Haga la pregunta correspondiente para obtener más información (*Ask the corresponding question in order to get more information*). Use las palabras interrogativas.

> **Ejemplo**   La señora Martínez no es la profesora.
> (*usted responde*)   **Pues** (*Then*), **¿quién es la profesora?**
> (*confirmación*)   Pues, ¿quién es la profesora?
> (*usted repite*)   **Pues, ¿quién es la profesora?**

K. **EJERCICIO ESCRITO: Preguntas para usted** [Estructura II: continuado]

Escriba respuestas para las seis preguntas que siguen. Cada pregunta se repite dos veces.

> **Ejemplo**   ¿Qué estudia usted? (*se repite*)
> (*respuesta posible*)   **Estudio español, historia y biología.**

1. _____
2. _____
3. _____
4. _____
5. _____
6. _____

L. **EJERCICIO ORAL: ¡Me gusta!** [Estructura III: **Gustar**]

Conteste las preguntas para indicar lo que les gusta a las personas.

> **Ejemplo**   ¿Le gustan a usted las fresas?
> (*usted responde*)   **Sí, me gustan las fresas.** (o)
> **No, no me gustan las fresas.**
> (*confirmación*)   Sí, me gustan las fresas. (o)
> No, no me gustan las fresas.
> (*usted repite*)   **Sí, me gustan las fresas.** (o)
> **No, no me gustan las fresas.**

M. COMPRENSIÓN: PANORAMA CULTURAL—La cultura hispana, parte integral de los Estados Unidos

Escuche la sección del *Panorama cultural* que sigue. Mientras escucha, complete las oraciones.

. . . . .

1. El ritmo hispanoamericano invade cada vez más la _____, las discotecas y los _____ musicales en los Estados Unidos.

2. Entre los cantantes más conocidos están

   _____, _____,

   Joan Baez y Linda Ronstadt.

3. Tito Puente es el rey del _____.

4. ¡Si usted escucha esta _____ sus pies van a bailar solos!

Escuche otra vez para confirmar sus respuestas.

. . . . .

Copyright © 1997 John Wiley & Sons

Nombre _____ Fecha _____ Clase _____

Manual de laboratorio: Capítulo 4

A. EJERCICIO ORAL: Los pasatiempos y los deportes

Es sábado por la tarde y muchas personas están en el parque. Según el dibujo, indique el pasatiempo o el deporte que le gusta a cada persona. Siga los números. Repita la respuesta correcta.

B. **EJERCICIO ORAL: Más actividades y deportes**
Conteste las preguntas según los dibujos.

Copyright © 1997 John Wiley & Sons

Nombre _____   Fecha _____   Clase _____

4.    5.

C. COMPRENSIÓN: El cuerpo humano

¿Es usted artista? Complete la cara y dibuje el cuerpo de George según las instrucciones. ¡Escuche bien!

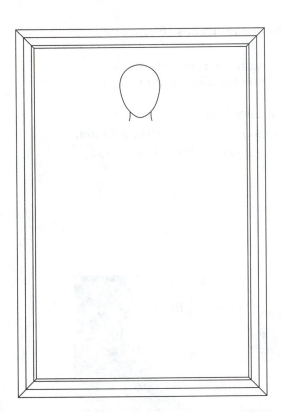

D. COMPRENSIÓN: CONVERSACIÓN—Pasatiempos favoritos

Escuche la conversación que sigue. Preste atención a la diferencia entre Linda y Pepita. ¿Cuál es la más atlética? ¿Dónde van a jugar al tenis? ¿Qué van a hacer después? Mientras escucha, indique con una "x" si cada (*each*) declaración es correcta o no.

. . . . .

	sí	*no*
1. A Linda le gustan los deportes.	☐	☐
2. Linda es muy buena tenista.	☐	☐
3. A Pepita le gustan muchos deportes.	☐	☐
4. Pepita es parte del equipo de la universidad.	☐	☐
5. Linda necesita hacer ejercicio.	☐	☐
6. Pepita y Linda deciden jugar en las canchas de la universidad.	☐	☐
7. Van a cenar después de jugar.	☐	☐

Escuche la conversación otra vez para confirmar sus respuestas.

. . . . .

E. EJERCICIO ORAL: Linda y Manuel están enamorados [Estructura I: El **a** personal]

¿Qué hace Manuel? ¿Y qué hace Linda? Conteste las preguntas según los dibujos. Indique con una "x" si se usa o no se usa el **a** personal.

Ejemplo   ¿A quién mira Manuel?
            (*usted responde*)   **Mira a Linda.**
            (¿*Se usa el **a** personal?*)   sí ☒   no ☐

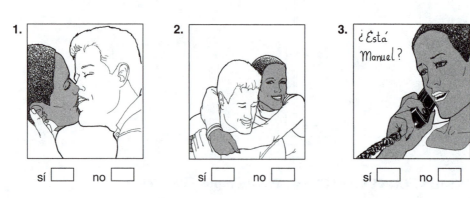

1. sí ☐ no ☐   **2.** sí ☐ no ☐   **3.** ¿Está Manuel? sí ☐ no ☐

Copyright © 1997 John Wiley & Sons

Nombre _____   Fecha _____   Clase _____

4. 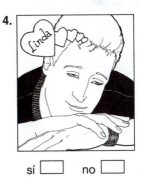   **5.**    **6.**

sí ☐   no ☐   sí ☐   no ☐   sí ☐   no ☐

F. **EJERCICIO ORAL/ESCRITO: ¿Qué hace Pepita?** [Estructura II: Verbos con la forma **yo** irregular]

Según los dibujos, diga lo que Pepita hace todos los días. Diga que usted también (*also*) hace lo mismo (*the same thing*). Escriba el verbo en el espacio en blanco.

Ejemplo   ¿Qué coche conduce Pepita hoy?

(*usted responde*)   **Conduce el coche de su padre.**

¿y usted?

(*usted responde*)   **También conduzco el coche de mi padre.**

(*usted escribe*)   conduzco

conduzco
_____

1.    **2.** 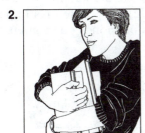   **3.**

_____   _____   _____

4.  **5.**  **6.**

_____ _____ _____

G. EJERCICIO ESCRITO: Preguntas para usted [Estructura II: continuado]

Escriba respuestas para las siete preguntas que siguen. Cada pregunta se repite dos veces.

1. _____

2. _____

3. _____

4. _____

5. _____

6. _____

H. COMPRENSIÓN: NOTICIAS CULTURALES—El fútbol, rey de los deportes

Escuche la información que sigue. Preste atención especial a (1) los deportes favoritos de los hispanos y (2) el deporte más importante para ellos. Mientras escucha, complete las oraciones que siguen.

. . . . .

1. El _____ es el deporte más importante para los dominicanos, los puertorriqueños y los venezolanos.

2. En el resto del mundo hispano el _____ es definitivamente el rey de los deportes.

3. Muchos hispanos piensan que el fútbol es una forma de _____ y hacen de este deporte casi una _____.

4. Jugadores excelentes como Diego _____ se consideran auténticos héroes nacionales y mundiales.

Escuche otra vez para confirmar sus respuestas.

. . . . .

Copyright © 1997 John Wiley & Sons

Nombre _____ Fecha _____ Clase _____

I. **EJERCICIO ORAL:** **¿Qué tiempo hace? ¿Qué estación es?**
[Estructura III: El tiempo y las estaciones]
Según los dibujos, indique el tiempo y la estación.

Ejemplo	¿Qué tiempo hace?
	(*usted responde*) **Hace sol.**
	(*confirmación*) Hace sol.
	(*usted repite*) **Hace sol.**
	¿Y cuál es la estación?
	(*usted responde*) **Es verano.**
	(*confirmación*) Es verano.
	(*usted repite*) **Es verano.**

1.  2. 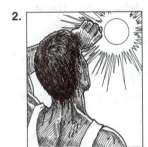 3.

4.  5.  6.

J. **EJERCICIO ORAL/ESCRITO:** **Una excursión a la playa** [Estructura
IV: Verbos con cambios en la raíz]

Conteste las preguntas. Primero, indique lo que usted hace; luego, lo
que usted y sus amigos hacen. Escriba los verbos en los espacios en
blanco.

Ejemplo   ¿Quiere usted ir a la playa?

  (*usted responde*)   **Sí, quiero ir a la playa.**

  (*confirmación*)   Sí, quiero ir a la playa.

  (*usted escribe*)   quiero

  ¿Usted y sus amigos quieren ir?

  (*usted responde*)   **Sí, queremos ir.**

  (*confirmación*)   Sí, queremos ir.

  (*usted escribe*)   queremos

1. (yo) _____   (nosotros) _____
2. (yo) _____   (nosotros) _____
3. (yo) _____   (nosotros) _____
4. (yo) _____   (nosotros) _____
5. (yo) _____   (nosotros) _____

K.   EJERCICIO ORAL: Preferencias y obligaciones

Según los dibujos, diga si la persona **debe** hacer, **tiene que** hacer o
tiene ganas de hacer lo siguiente.

Ejemplo   (*usted responde*)   **Inés tiene ganas de tocar el piano.**

  (*confirmación*)   Inés tiene ganas de tocar el piano.

  (*usted repite*)   **Inés tiene ganas de tocar el piano.**

1.

Octavio/*tener* ganas de...

2.

Javier/*tener* que...

3.

Camila/*deber*...

4.

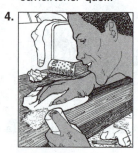

Esteban/*tener* ganas de...

Copyright © 1997 John Wiley & Sons

Nombre _____   Fecha _____   Clase _____

3.    **4.**

Camila/*deber*...
pero *tener* ganas de...

Esteban/*tener* ganas de...
pero no *deber*...

L.   EJERCICIO ESCRITO: Preguntas para usted [Estructura IV: continuado]

Escriba respuestas para las ocho preguntas que siguen. Cada pregunta se repite dos veces.

1. _____

2. _____

3. _____

4. _____

5. _____

6. _____

7. _____

8. _____

M.   COMPRENSIÓN: ¿Qué va a hacer Anita? [Estructura V: **Ir** + **a** + infinitivo]

   Listening Hint: As you listen to the dialogue the first time, pay special attention to the things that Anita is going to do this weekend. To practice your note-taking skills, jot down each activity in the space provided as you hear it. As you listen to the dialogue again, confirm the activities, filling in any information that you might have missed the first time. Use the **ir** + **a** + infinitive *construction.*

En el diálogo que sigue, Anita le cuenta (*tells*) a Javier lo que va a hacer este fin de semana. Mientras escucha, complete las oraciones que siguen y escriba lo que Anita **va a hacer.**

. . . . .

1. En la discoteca Anita y sus amigas <u>van a...</u>_____

2. Por la mañana en el gimnasio, Anita _____

     y _____

3. Por la tarde Anita _____

4. Más tarde ella _____

Escuche el diálogo otra vez para confirmar las actividades.

. . . . .

N. EJERCICIO DE MAPA: España

Conteste las preguntas que siguen. Mientras contesta, dibuje (*draw*) un círculo en el mapa para indicar donde está la ciudad, etc.

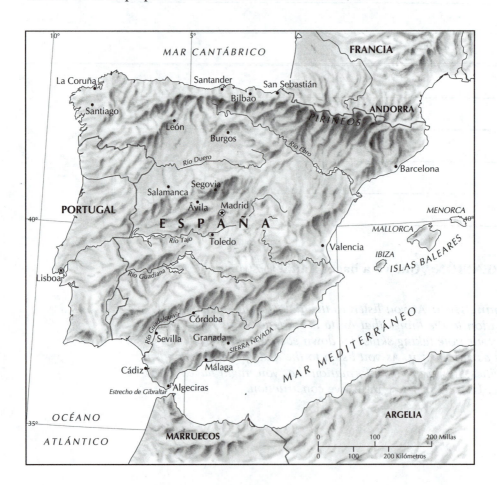

Copyright © 1997 John Wiley & Sons

Nombre _____ Fecha _____ Clase _____

O. **COMPRENSIÓN: PANORAMA CULTURAL—España, país de contrastes**

Escuche la información que sigue. Preste atención especial a las regiones e idiomas (*languages*) de España. Mientras escucha, indique con una "x" si cada declaración es correcta o no.

. . . . .

	sí	*no*
1. En España, se habla exclusivamente el español.	☐	☐
2. Se conoce el origen del vasco.	☐	☐
3. El catalán tiene similitudes con el francés.	☐	☐
4. Las varias regiones de España constituyen diferentes zonas culturales.	☐	☐
5. La industria turística es muy importante en España.	☐	☐
6. Las aceitunas, el aceite de oliva y las naranjas son productos famosos en todo el mundo.	☐	☐

Escuche otra vez para confirmar sus respuestas.

. . . . .

Nombre _____ Fecha _____ Clase _____

Manual de laboratorio: Capítulo 5

A. EJERCICIO ORAL: La ropa

Según los dibujos, indique lo que las personas llevan y lo que usted ve en los escaparates (*shop windows*) de la tienda. Siga los números. Repita la respuesta correcta.

EL MODELO
ROPA PARA HOMBRES

Note: *Beginning with* Exercise B, *you will not always be told to repeat the correct response that you hear on the tape. However, a pause is always provided for you to do so. Repeating the correct response aloud is an important part of your language reinforcement and retention.*

B. EJERCICIO ORAL: Adjetivos de descripción

Repita la oración. Luego sustituya la palabra indicada y haga otra declaración.

Ejemplo   La chaqueta está limpia.
(los pantalones)
(*usted responde*)   **Los pantalones están limpios.**

Copyright © 1997 John Wiley & Sons

Nombre _____ Fecha _____ Clase _____

C. COMPRENSIÓN: El tiempo y la ropa

Escuche los dos pronósticos del tiempo. Se repiten dos veces. Al final de cada pronóstico, marque con una "x" la ropa que usted debe llevar ese día, según el tiempo.

Pronóstico #1

. . . . .

¿Qué debe usted llevar hoy?

	sí	*no*
impermeable	☐	☐
pantalones cortos	☐	☐
paraguas	☐	☐
suéter	☐	☐
sandalias	☐	☐

Pronóstico #2

. . . . .

¿Qué debe usted llevar hoy?

	sí	*no*
abrigo	☐	☐
pantalones cortos	☐	☐
botas	☐	☐
sandalias	☐	☐
camiseta	☐	☐

D. COMPRENSIÓN: CONVERSACIÓN—En la tienda de ropa

Escuche la conversación que sigue. Preste atención especial a las cosas que Natalia y Camila buscan. Mientras escucha, haga una lista de las cosas específicas que ellas desean comprar.

. . . . .

1. _____   4. _____

2. _____   5. _____

3. _____

Escuche la conversación otra vez para confirmar su lista.

. . . . .

E. EJERCICIO ORAL: ¿Qué cosas va usted a comprar? [Estructura I:
Los demostrativos]

Usted va de compras para comprar regalos. Indique las cosas que usted
va a comprar. Use los adjetivos y pronombres demostrativos. Siga el
modelo.

Ejemplo camisa

(*usted responde*) **Voy a comprar esta camisa, ésa y aquélla.**

F. EJERCICIO ORAL: Las joyas

Usted va de compras en la joyería "La Perla". Diga lo que le gusta. Use
los adjetivos demostrativos. Siga los números.

Ejemplo 1. (allí)...

(*usted responde*) **Me gusta ese collar.**

Copyright © 1997 John Wiley & Sons

Nombre _____ Fecha _____ Clase _____

G. COMPRENSIÓN: NOTICIAS CULTURALES—La ropa tradicional

Escuche la información que sigue. Preste atención especial a la ropa tradicional que llevan las mujeres en Yucatán, México, y en Otavalo, Ecuador. Mientras escucha, complete las oraciones que siguen.

. . . . .

1. El "huipil" es un vestido _____ con un bordado de _____ de muchos colores. Es de origen _____.

2. La "otavaleña" lleva una _____ negra con bordados de _____, una _____ blanca y varios _____ y pulseras.

Escuche otra vez para confirmar sus respuestas.

. . . . .

H. EJERCICIO ORAL: Es de Ronaldo [Estructura II: Posesión con **de**]

Haga la pregunta: **¿De quién es...?** Luego, contéstela para indicar que el artículo de ropa es de Ronaldo.

Ejemplo   (ese suéter)

           (*usted pregunta*)   **¿De quién es ese suéter?**

           (*usted responde*)   **Es de Ronaldo.**

I. EJERCICIO ORAL/ESCRITO: ¿De quién es? [Estructura III: Los adjetivos y pronombres posesivos]

Diga que las cosas son de las personas indicadas. Escriba el adjetivo de posesión en el espacio en blanco.

Ejemplo   Esa chaqueta, ¿es de usted?

           (*usted responde*)   **Sí, es mía.**

           (*usted escribe*)   mía

1. Sí, es _____

2. Sí, son _____

3. Sí, es _____

4. Sí, son _____

5. Sí, es _____

6. Sí, es _____

7. Sí, es _____

8. Sí, son _____

9. Sí, son _____

10. Sí, son _____

11. Sí, son _____

12. Sí, son _____

J. EJERCICIO ORAL: ¿Cuál es el número? [Estructura IV: Los números de cien...]

Lea los números que siguen. Repita la respuesta correcta.

1. 100	6. 555	11. 1000
2. 110	7. 666	12. 1492
3. 220	8. 777	13. 1954
4. 330	9. 888	14. 2.000
5. 444	10. 999	15. 1.000.000

K. EJERCICIO ORAL/ESCRITO: Soy millonario [Estructura IV: continuado]

Imagínese que usted es millonario o millonaria y desea comprar muchas cosas para su familia. Indique cuánto cuesta cada par (*pair*) de cosas que usted desea comprar. Escriba el número de dólares en el espacio en blanco.

Ejemplo   Este anillo cuesta cien dólares.

Ése cuesta cincuenta.

¿Cuánto cuestan los dos?

(*usted responde*)   **Cuestan ciento cincuenta dólares.**

(*usted escribe*) $150.00

1. $ _____   3. $ _____   5. $ _____

2. $ _____   4. $ _____   6. $ _____

L. EJERCICIO ORAL: ¿Cuál es el mes? ¿Cuál es la fecha? [Estructura V: ¿Cuál es la fecha?]

Conteste las preguntas para indicar los meses o las fechas.

M. EJERCICIO ORAL: ¿Cuánto tiempo hace? [Estructura VI: **Hacer** para expresar tiempo]

¿Cuánto tiempo hace? Responda según los dibujos y según la información que sigue.

Octavio e Inés

Ejemplo   media hora

(*usted responde*)   **Hace media hora que Octavio e Inés bailan.**

Copyright © 1997 John Wiley & Sons

Nombre _____ Fecha _____ Clase _____

1. Octavio

2. Linda

3. Javier

4. Inés

5. Pepita

6. Alfonso

N. **EJERCICIO ORAL/ESCRITO: ¿Qué están haciendo?** [Estructura
VII: El presente progresivo]

Según los dibujos, indique lo que están haciendo las personas. Escriba
la forma **-ando/-iendo** del verbo en el espacio en blanco.

Ejemplo ¿Qué está haciendo Inés?
(*usted responde*) **Está cantando.**
(*usted escribe*)   *cantando*

Está *cantando*

1. Está _____

2. Está _____

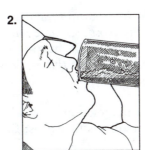

3. Está _____

4.

5.

6.

Está _____

Está _____

Está _____

7.

8.

9.

Está _____

Está _____

Está _____

O. EJERCICIO ESCRITO: Preguntas para usted

Escriba respuestas para las seis preguntas que siguen. Cada pregunta se repite dos veces.

1. _____

2. _____

3. _____

4. _____

5. _____

6. _____

P. COMPRENSIÓN: PANORAMA CULTURAL—Las artes en España

Listening Hint: As you listen to the information the first time, jot down in the space provided key words that you associate with each character or literary work. For example **el Cid: poema, heroe,** *etc. Add more key words as you listen the second time. Then, use this information to help you answer the questions that follow.*

Escuche la información que sigue. Preste atención especial a la descripción de cada uno de los tres personajes literarios: El Cid, Don

Copyright © 1997 John Wiley & Sons

Nombre _____ Fecha _____ Clase _____

Quijote y Don Juan. Mientras escucha, escriba palabras que usted
asocia con cada personaje.

. . . . .

El Cid   **Don Quijote**   **Don Juan**

_____   _____   _____

_____   _____   _____

_____   _____   _____

_____   _____   _____

Escuche otra vez y escriba más palabras y frases para completar la
descripción de cada personaje.

. . . . .

Finalmente, conteste las preguntas que siguen. Marque con una "x" la
respuesta correcta.

1. ☐ caballero andante   ☐ héroe medieval

2. ☐ defender a los árabes   ☐ reconquistar las tierras españolas

3. ☐ Miguel de Cervantes   ☐ Tirso de Molina

4. ☐ Don Juan   ☐ Sancho Panza

5. ☐ hombre seductor   ☐ héroe valiente

Nombre _____ Fecha _____ Clase _____

Manual de laboratorio: Capítulo 6

A. **EJERCICIO ORAL:** **En la ciudad**

Conteste las preguntas según los dibujos. Siga los números. Repita la respuesta correcta.

B. COMPRENSIÓN: CONVERSACIÓN—En un café

Escuche la conversación que sigue. Preste atención especial a (1) la
descripción que Inés da de Nueva York y (2) los lugares que ella visita
en la ciudad. Mientras escucha, indique con una "x" si cada declaración
es correcta o no.

. . . . .

		sí	*no*
Nueva York tiene:	plazas como (*like*) las de España	☐	☐
	parques enormes	☐	☐
	barrios diferentes	☐	☐
	calles y avenidas difíciles de encontrar	☐	☐

Copyright © 1997 John Wiley & Sons

Nombre _____ Fecha _____ Clase _____

	sí	no
En Nueva York, Inés visitó: un teatro	☐	☐
el Museo Metropolitano	☐	☐
un rascacielos muy famoso	☐	☐
el almacén Macy's	☐	☐
una discoteca	☐	☐

Escuche la conversación otra vez para confirmar sus respuestas.

. . . . .

C. EJERCICIO ORAL: Conociendo la ciudad [Estructura I: El **se** impersonal y el **se** pasivo]
Un estudiante de México está visitando la ciudad donde usted vive y necesita información sobre la ciudad. Conteste sus preguntas.

Ejemplo ¿A qué hora se abre la oficina de correos?
(*usted responde*) **Se abre a las nueve de la mañana.**

D. EJERCICIO ORAL: En el centro [Estructura II: El pretérito]
Usted y varios de sus amigos decidieron ir al centro. ¿Qué ocurrió? Repita la oración principal. Luego cambie (*change*) el verbo según la persona indicada.

Ejemplo Salí de la universidad.
(*usted repite*) **Salí de la universidad.**
mis amigos
(*usted responde*) **Salieron de la universidad.**

E. EJERCICIO ORAL/ESCRITO: Ayer [Estructura II: continuado]
Su amiga indica que hace ciertas cosas todos los días. Diga que usted hizo (*did*) lo mismo (*the same thing*) ayer. Escriba el verbo en el espacio en blanco.

Ejemplo Yo trabajo todos los días.
(*usted responde*) **Trabajé ayer.**
(*usted escribe*) trabajé

1. _____   5. _____

2. _____   6. _____

3. _____   7. _____

4. _____   8. _____

F. EJERCICIO ORAL/ESCRITO: Las actividades de Javier [Estructura II: continuado]

Según los dibujos, describa las actividades de Javier. Use el pretérito. Escriba el verbo en el espacio en blanco.

Ejemplo   la casa
          (*usted responde*)   **Javier pintó la casa.**
          (*usted escribe*)   pintó

_____ pintó _____

1.

_____

2.

_____

3.

_____

4.

_____

5.

_____

6.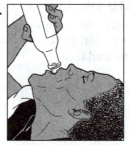

_____

7.

_____

8.  ¡Adiós!

_____

9.

_____

Copyright © 1997 John Wiley & Sons

Nombre _____ Fecha _____ Clase _____

G. EJERCICIO ORAL: En la oficina de correos

Conteste las preguntas según los dibujos. Siga los números. Repita la respuesta correcta.

1.

2.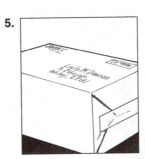

3.

4.

5.

H. COMPRENSIÓN: NOTICIAS CULTURALES—La plaza

Escuche la información que sigue. Preste atención especial a (1) la descripción de la plaza y (2) las diferentes actividades de las personas. Mientras escucha, complete las oraciones que siguen.

. . . . .

1. En una plaza encontramos una _____, edificios públicos, cafés, _____ y _____.
2. En el centro de muchas plazas también hay _____ de figuras patrióticas.
3. La plaza es el lugar donde jóvenes y adultos pasean, toman refrescos, charlan, _____ o _____ cartas o dominó.
4. En "la palcita" de San José, los jóvenes se reúnen los sábados por la noche para _____ y _____ sobre amor, cine y deportes, y, por supuesto, para _____ a otros chicos y chicas.

Escuche otra vez, para confirmar sus respuestas.

. . . . .

I. EJERCICIO ORAL/ESCRITO: Opciones [Estructura III: Verbos con cambios en la raíz en el pretérito]

Según los dibujos, diga lo que pasó en los lugares indicados. Complete la oración. Escriba el verbo en el espacio en blanco.

Ejemplo En la pastelería, Carmen... *pedir...*

(*usted responde*) **Pidió la torta de chocolate.**

(*usted escribe*) pidió

pidió
_____

1.
_____

2.
_____

3.
_____

4.
_____

5.
_____

6.
_____

Copyright © 1997 John Wiley & Sons

Nombre _____ Fecha _____ Clase _____

J. EJERCICIO ESCRITO: Preguntas para usted [Estructura II, III: continuado]

Escriba respuestas para las seis preguntas que siguen. Cada pregunta se repite dos veces.

1. _____

2. _____

3. _____

4. _____

5. _____

6. _____

K. EJERCICIO ORAL: En el banco

Conteste las preguntas según el dibujo. Siga los números.

L. EJERCICIO ORAL: ¿Carmen te vio? [Estructura IV: Pronombres de complemento directo]

Hay una fiesta muy grande en la casa de Carmen. Diga que Carmen vio a las personas que llegaron a la fiesta temprano.

Ejemplo   Anita llegó temprano.

(*usted responde*) **Carmen la vio.**

M. EJERCICIO ORAL: El dinero [Estructura IV: continuado]

Conteste las preguntas de su amiga con respecto al dinero.

Ejemplo   ¿Ahorraste el dinero que ganaste?

        (*usted responde*) **Sí, lo ahorré.**

N. COMPRENSIÓN: PANORAMA CULTURAL—España, un mosaico de culturas

    Listening Hint: As you listen to the information the first time, jot down in the space provided key words that you relate to the particular era in Spanish history. For example: **Los romanos: 218 a.C., latín,** *etc. Add more key words as you listen the second time. Then use this information to answer the questions that follow.*

Escuche la siguiente información sobre los romanos, los árabes y la era de unificación y exploración. Mientras escucha, escriba palabras que usted asocia con cada período de historia.

. . . . .

Romanos	*Árabes/Moros*	*Unificación/Exploración*
_____	_____	_____
_____	_____	_____
_____	_____	_____
_____	_____	_____

Escuche otra vez y escriba más palabras y frases para completar la descripción de cada período.

. . . . .

Finalmente, conteste las preguntas que siguen. Marque con una "x" la respuesta correcta.

1. ☐ romanos   ☐ moros

2. ☐ romanos   ☐ moros

3. ☐ romanos   ☐ moros

4. ☐ romanos   ☐ moros

5. ☐ el Cid   ☐ Fernando e Isabel

6. ☐ Cristóbal Colón   ☐ el Cid

Copyright © 1997 John Wiley & Sons

Nombre _____ Fecha _____ Clase _____

Manual de laboratorio: Capítulo 7

A. EJERCICIO ORAL: El campo y la naturaleza

Identifique lo que usted ve en los dibujos y las acciones que ocurren en la escena. Siga los números. Repita la respuesta correcta.

B. EJERCICIO ORAL: La naturaleza (continuado)

Conteste las preguntas según los dibujos. Siga los números.

Dibujo #1

Dibujo #2

Copyright © 1997 John Wiley & Sons

Nombre _____ Fecha _____ Clase _____

C. COMPRENSIÓN: CONVERSACIÓN—Una aventura acampando

Escuche la conversación que sigue. Preste atención especial a la
aventura que tuvo Rubén acampando el año pasado. Mientras escucha,
indique con una "x" si cada declaración es correcta o no.

. . . . .

	sí	*no*
1. Una noche exploraron el lago.	☐	☐
2. Escalaron la montaña.	☐	☐
3. Comenzó una tormenta.	☐	☐
4. Oyeron un ruido.	☐	☐
5. Corrieron hacia el lago.	☐	☐
6. Vieron un tigre.	☐	☐
7. Vieron un león.	☐	☐
8. Vieron una vaca.	☐	☐

Escuche la conversación otra vez para confirmar sus respuestas.

. . . . .

D. EJERCICIO ORAL: Acampando en las montañas [Estructura I: Otros verbos irregulares en el pretérito]

Conteste las preguntas indicando que usted y Anita lo hicieron todo.

Ejemplo   ¿Quién fue a las montañas? Yo...
(*usted responde*)   **Fui a las montañas.**
Anita...
(*usted responde*)   **Fue a las montañas.**

E. EJERCICIO ORAL: Preguntas para su amigo o amiga [Estructura I: continuado]

Hágale preguntas a su amigo o amiga para averiguar lo que pasó
durante otro viaje a las montañas.

Ejemplos   hacer el viaje
(*usted pregunta*)   **¿Hiciste el viaje?**

F. EJERCICIO ORAL/ESCRITO: Un viaje a la playa [Estructura I: continuado]

Linda y Natalia decidieron ir a la playa. Según los dibujos, describa lo que pasó. Escriba la forma correcta del verbo en el espacio en blanco.

1. _____pusieron_____

2. _____

3. _____

4. _____

5. _____

6. _____

7. _____

8. _____

Ahora, imagínese que usted y sus amigos decidieron ir a la playa. Describa lo que pasó según los dibujos.

G. EJERCICIO ESCRITO: Preguntas para usted [Estructura I: continuado]

Escriba respuestas para las seis preguntas que siguen. Cada pregunta se repite dos veces.

1. _____

2. _____

Copyright © 1997 John Wiley & Sons

Nombre _____ Fecha _____ Clase _____

3. _____

4. _____

5. _____

6. _____

H. COMPRENSIÓN: NOTICIAS CULTURALES—**Ir de excursión**

Escuche la información que sigue. Mientras escucha, haga una lista de (1) los lugares favoritos para ir de excursión y (2) las comidas populares en el picnic.

· · · · ·

lugares favoritos   *comidas populares*

_____   _____

_____   _____

_____   _____

_____

Escuche otra vez para confirmar sus listas.

· · · · ·

I. EJERCICIO ESCRITO: ¿Cuándo fue la última vez...? [Estructura II: **Hacer** para expresar *ago*]

¿Cuándo fue la última vez (*the last time*) que usted hizo las siguientes cosas? Conteste las preguntas completando las respuestas que siguen. Use la construcción **hace** + el número de **días/semanas/meses** o **años**. Cada pregunta se repite dos veces.

Ejemplo   ¿Cuándo fue usted a un concierto?
             (*usted escribe*) Fui a un concierto <u>hace dos semanas.</u>

1. Fui al cine _____ _____ _____.

2. Hablé con mi madre o padre _____ _____
   _____.

3. Llegué _____ _____ _____.

4. Empecé _____ _____ _____.

5. Me gradué _____ _____ _____.

6. Aprendí _____ _____ _____.

J. EJERCICIO ORAL: La generosa tía Sonia [Estructura III: Pronombres de complemento indirecto]

Indique que todas las personas de su familia están muy contentas porque la tía Sonia les dio regalos magníficos.

> **Ejemplo**   Su hermano está muy contento, ¿verdad?
>
> (*usted responde*) **Sí, porque la tía Sonia le dio un regalo.**

K. EJERCICIO ORAL: Mis gustos [Estructura IV: Verbos similares a **gustar**]

Conteste las preguntas para indicar sus gustos e intereses personales.

> **Ejemplo**   ¿Le fascinan a usted las tormentas?
>
> (*usted responde*) **Sí, me fascinan.** (o) **No, no me fascinan.**

L. EJERCICIO ORAL: Sí, te lo devolví. [Estructura V: Los pronombres de complemento directo e indirecto]

Una amiga suya le hace preguntas a usted. Contéstelas según el ejemplo.

> **Ejemplo**   ¿Me devolviste las fotos?
>
> (*usted responde*)   **Sí, te las devolví.**
>
> ¿y la calculadora?
>
> (*usted responde*)   **Sí, te la devolví.**

M. COMPRENSIÓN: ¿Ves algo? [Estructura VI: Palabras afirmativas y negativas]

Escuche la conversación que sigue. Mientras escucha, marque con una "x" la respuesta correcta.

. . . . .

1. Pedro oye ☐ *a alguien* ☐ *algo* caminando.

2. Pancho dice que no hay ☐ *nada* ☐ *nadie* allí.

3. Pedro sabe que ☐ *algo* ☐ *alguien* viene.

4. Por fin, Pancho ☐ *también* ☐ *tampoco* lo ve.

5. Pedro ve ☐ *algo* ☐ *a alguien* extraño cerca de la tienda de campaña.

6. Pancho no ve ☐ *nada* ☐ *a nadie*.

7. ¡Pedro ve un oso (*bear*)! Él no va a acampar allí.
   Pancho ☐ *tampoco* ☐ *también* va a acampar allí.

Escuche la conversación otra vez para confirmar sus respuestas.

. . . . .

Copyright © 1997 John Wiley & Sons

Nombre _____ Fecha _____ Clase _____

N. EJERCICIO DE MAPA: México

Vamos a explorar México. Siga las instrucciones. Dibuje un círculo en
el mapa para indicar donde está cada ciudad.

. . . . .

O. COMPRENSIÓN: PANORAMA CULTURAL—La capital, México, D.F.

*Listening Hint: As you listen and at the same time practice your
note-taking skills, remember that you do not have to understand every
word you hear to understand the general idea. Nor are you expected to
write down all of the information you hear. The first time, listen for and
write key words. The second time, fill in your notes with more details.*

Escuche la sección de *Panorama cultural* que sigue. Mientras escucha,
escriba la información que corresponde a los siguientes tópicos.

1. Población de la capital: _____ millones.

2. Uno de los mayores problemas: la_____ .

3. Número de personas que emigran allí cada día: _____.

4. En la ciudad contrastan: la_____ y

   la_____ .

5. La tradición indígena se nota en: _____

_____

6. La modernidad se manifiesta en: _____

_____

Escuche otra vez para confirmar sus respuestas.

. . . . .

Copyright © 1997 John Wiley & Sons

Nombre _____   Fecha _____   Clase _____

Manual de laboratorio: Capítulo 8

A. EJERCICIO ORAL: En el hogar

Indentifique lo que hay en el hogar y lo que las personas están haciendo. Siga los números. Repita la respuesta correcta.

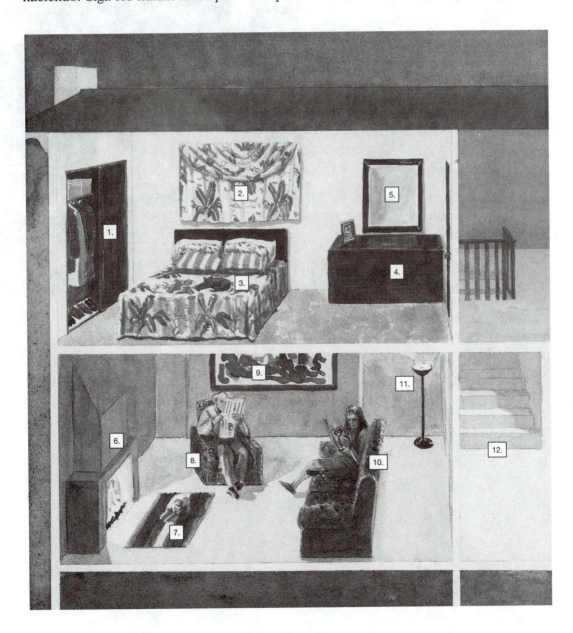

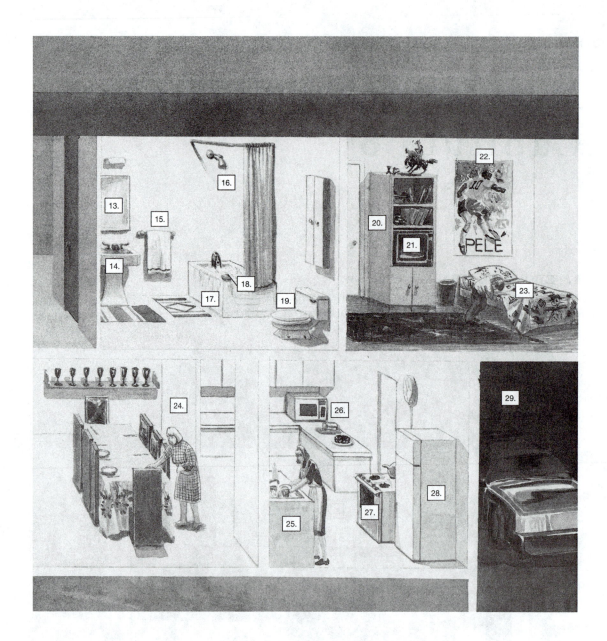

B. COMPRENSIÓN: CONVERSACIÓN—**Buscando apartamento**

Escuche la conversación que sigue. Preste atención a las ideas
generales: ¿Encuentran Inés y Sandra un apartamento o no? ¿Va a
ser fácil o difícil encontrar el apartamento ideal?

. . . . .

Escuche la conversación otra vez. Luego, indique con una "x" si la
respuesta a cada pregunta es **sí** o **no.**

. . . . .

Copyright © 1997 John Wiley & Sons

Nombre _____ Fecha _____ Clase _____

	sí	*no*
1.	☐	☐
2.	☐	☐
3.	☐	☐
4.	☐	☐

C. EJERCICIO ORAL: En la escuela secundaria [Estructura I: El imperfecto]

¿Qué hacía usted cuando estaba en la escuela secundaria? ¿y sus amigos? Repita la oración principal. Luego, cambie el verbo según la persona indicada.

Ejemplo   Estudiaba mucho.
       (*usted repite*)   **Estudiaba mucho.**
       mis amigos
       (*usted responde*)   **Estudiaban mucho.**

D. EJERCICIO ORAL: La abuela y el abuelo [Estructura I: continuado]

Describa la escena. Cambie las oraciones del presente al imperfecto.

Ejemplo   *Son* las ocho menos diez.
       (*usted responde*)   ***Eran* las ocho menos diez.**

E. EJERCICIO ORAL/ESCRITO: En el pasado [Estructura II:
El pretérito y el imperfecto]

Diga lo que usted **hacía** habitualmente el año pasado, y lo que usted
hizo ayer, anoche, etc. Escriba el verbo en el espacio en blanco.

Ejemplo   jugar al tenis/todos los días
          (*usted responde*)   **Jugaba al tenis todos los días.**
          (*usted escribe*)   jugaba
          jugar al tenis/ayer
          (*usted responde*)   **Jugué al tenis ayer.**
          (*usted escribe*)   jugué

1. _____   _____

2. _____   _____

3. _____   _____

4. _____   _____

5. _____   _____

6. _____   _____

F. EJERCICIO ORAL: ¡Siempre hay interrupciones! [Estructura II:
continuado]

Indique lo que hacían los estudiantes cuando algo o alguien los
interrumpió.

Ejemplo   ¿Qué hacía Linda
cuando la llamó Natalia?
(*usted responde*)   **Linda dormía.**

1.

2.
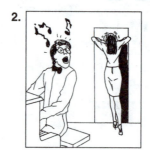

3.

Copyright © 1997 John Wiley & Sons

Nombre _____ Fecha _____ Clase _____

4.

G. EJERCICIO ESCRITO: Preguntas para usted

Escriba respuestas para las cuatro preguntas que siguen. Cada pregunta se repite dos veces.

1. _____

2. _____

3. _____

4. _____

H. COMPRENSIÓN: NOTICIAS CULTURALES—Las casas coloniales

Escuche la información que sigue. Preste atención especial a las características de la típica casona colonial. Mientras escucha, complete las oraciones que siguen.

. . . . .

1. La típica casona tiene robustas _____ blancas, ventanas con _____, _____ de tejas y _____ de madera.

2. Muchas veces, estas casas tienen balcones y un _____ interior con plantas y _____.

3. Las casonas más antiguas se encuentran en las viejas ciudades y pueblos de _____, y de Latinoamérica. También se encuentran en el sur de la _____ y en el suroeste de los _____ _____.

Escuche otra vez para confirmar sus respuestas.

. . . . .

I. EJERCICIO ORAL/ESCRITO: El gato Rodolfo [Estructura III: Preposiciones de lugar y otras preposiciones útiles]

Primero, diga dónde estaba el gato Rodolfo cuando sacamos estas fotos. Luego, escriba la preposición en el espacio en blanco.

Ejemplo ¿Dónde estaba Rodolfo?

(*usted responde*) **Estaba entre las plantas.**

(*usted escribe*) *entre*

_____*entre*_____

   1.

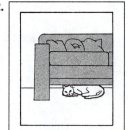   2.

   3.

4.

5.

6.

7.

8.

9.

Copyright © 1997 John Wiley & Sons

Nombre _____ Fecha _____ Clase _____

J. COMPRENSIÓN: ¿Dónde está la araña? [Estructura III: continuado]
A Juanito le encantan las arañas. En el cuarto de Juanito, dibuje una
araña en cada uno de los lugares indicados.

Ejemplo Hay una araña encima de la cama. ¿La ve usted?

K. EJERCICIO ORAL: ¿Para qué? [Estructura V: **Para** y **por**]
Los estudiantes van a lugares diferentes. Diga para qué.

Ejemplo Ana va a la biblioteca.
(*usted responde*) **Va para estudiar.**

L. EJERCICIO ORAL: ¿Para quién? ¿Por cuánto? [Estructura V:
continuado]
Imagine que usted fue de compras para comprar regalos para su
familia. Primero, indique para quién es cada regalo. Después, diga
por cuánto dinero lo compró.

Ejemplo corbata/mi padre
(*usted responde*) **Compré una corbata para mi padre.**
diez dólares
(*usted responde*) **La compré por diez dólares.**

M. EJERCICIO ORAL: Alfonso y Natalia [Estructura V: continuado]

Según los dibujos, cuente lo que Alfonso hizo para Natalia, lo que él le dijo a ella, etc. Complete cada oración con **por** o **para** y la información necesaria para completar la idea.

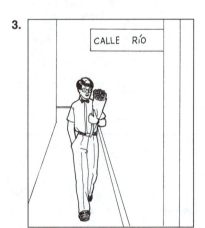

N. EJERCICIO ORAL/ESCRITO: Una excursión a la granja de mis tíos [Estructura V: continuado]

Lea las oraciones que siguen, completándolas con **por** o **para.** Al escuchar la confirmación, escriba **por** o **para** en el espacio en blanco.

1. El viernes pasado salí _____ la granja de mis tíos.

2. Fui _____ visitarlos.

3. Estuve allí _____ tres días.

4. Anduve _____ el bosque.

5. Busqué flores _____ mi tía.

6. Fui al río _____ pescar.

7. Al salir, les dije: "Gracias _____ la invitación."

Copyright © 1997 John Wiley & Sons

O. COMPRENSIÓN: PANORAMA CULTURAL—México en su historia

Escuche la siguiente información sobre los mayas y los aztecas.
Mientras escucha, escriba las palabras y frases que mejor (*best*)
describan cada civilización.

. . . . .

mayas   *aztecas*

_____ _____   _____ _____

_____ _____   _____ _____

_____ _____   _____ _____

_____ _____   _____ _____

Escuche otra vez y escriba más palabras y frases para completar la
descripción de cada civilización.

. . . . .

Finalmente, conteste las preguntas que siguen. Marque con una "x" la
respuesta correcta.

1. ☐ mayas   ☐ aztecas
2. ☐ mayas   ☐ aztecas
3. ☐ mayas   ☐ aztecas
4. ☐ mayas   ☐ aztecas
5. ☐ mayas   ☐ aztecas
6. ☐ mayas   ☐ aztecas

Nombre _____ Fecha _____ Clase _____

Manual de laboratorio: Capítulo 9

A. **EJERCICIO ORAL: En la residencia estudiantil**
Conteste las preguntas según los dibujos. Siga los números. Repita la respuesta correcta.

B. COMPRENSIÓN: CONVERSACIÓN—**La guerra del baño**

Escuche la conversación que sigue. Preste atención especial a (1) cómo
se siente Ricardo y (2) si entra o no entra en el baño. Mientras escucha,
marque con una "x" la respuesta correcta.

. . . . .

1. Ricardo...   ☐ está enojado.   ☐ está contento.

2. Ricardo...   ☐ quiere afeitarse.   ☐ quiere peinarse.

3. Camila probablemente... ☐ va a salir en un minuto. ☐ no va a salir en un
                                                            minuto.

Copyright © 1997 John Wiley & Sons

Nombre _____ Fecha _____ Clase _____

4. Ricardo... ☐ entra en el baño. ☐ no entra en el baño.

Escuche la conversación otra vez para confirmar sus respuestas.

. . . . .

C. **EJERCICIO ORAL: Las actividades diarias** [Estructura I:
Los verbos reflexivos]
Exprese las actividades diarias de las personas indicadas.

> **Ejemplo**   Me acuesto a las once. (él)
>   (*usted responde*)   **Se acuesta a las once.**

D. **EJERCICIO ORAL/ESCRITO: La rutina de Manuel** [Estructura I:
continuado]
¿Qué hizo Manuel? Responda según los dibujos. Luego, escriba el verbo
en el espacio en blanco.

> **Ejemplo**   acostarse
>   (*usted responde*)   **Se acostó a medianoche.**
>   (*usted responde*)   **Se acostó a medianoche.**
>   (*usted escribe*)   *se acostó*

se acostó

1.

2.

3.

_____ _____ _____

4.    **5.**    **6.**

_____   _____   _____

7.

_____

E.   EJERCICIO ORAL: Esta mañana [Estructura I: continuado]
Conteste las preguntas.

> **Ejemplo**   ¿Se despertó usted temprano esta mañana?
> (_usted responde_)   **Sí, me desperté temprano.** (o)
> **No, no me desperté temprano.**

F.   EJERCICIO ESCRITO: Preguntas para usted [Estructura I:
continuado]
Escriba respuestas para las seis preguntas que siguen. Cada pregunta
se repite dos veces.

1. _____

2. _____

3. _____

4. _____

5. _____

6. _____

Copyright © 1997 John Wiley & Sons

Nombre _____ Fecha _____ Clase _____

G. **COMPRENSIÓN: Amor a primera vista** [Estructura II: Los verbos reflexivos para indicar una acción recíproca]

Escuche la conversación que sigue. Mientras escucha, complete las oraciones.

. . . . .

1. Linda y Manuel _____ _____.
2. Ellos _____ _____ el primer día de clase.
3. Se _____, se _____ y luego se _____ en el parque.
4. Alfonso dice que Linda y Manuel siempre están _____.
5. Probablemente van a _____ después de _____.

Escuche otra vez para confirmar sus respuestas.

. . . . .

H. **COMPRENSIÓN: NOTICIAS CULTURALES—Los días festivos**

Escuche la siguiente información sobre la Semana Santa, las fiestas de San Fermín y las Fiestas de la Virgen de Guadalupe. Mientras escucha, escriba las palabras y frases que mejor describan cada fiesta.

. . . . .

Semana Santa	*San Fermín*	*Virgen de Guadalupe*
_____	_____	_____
_____	_____	_____
_____	_____	_____
_____	_____	_____

Escuche otra vez y escriba más palabras y frases para completar la descripción de cada fiesta.

. . . . .

Finalmente, conteste las preguntas que siguen. Marque con una "x" la respuesta correcta.

	Semana Santa	*San Fermín*	*Virgen de Guadalupe*
1.	☐	☐	☐
2.	☐	☐	☐
3.	☐	☐	☐
4.	☐	☐	☐
5.	☐	☐	☐
6.	☐	☐	☐

I. EJERCICIO ORAL/ESCRITO: [Estructura III: Los adverbios]
Cambie el adjetivo al adverbio y complete la oración. Rápidamente escriba el adverbio en el espacio en blanco.

Ejemplo   normal

(*usted responde*)   Voy a contarles lo que **normalmente** hago por la mañana.

(*usted escribe*)   normalmente

1. Cuando suena el despertador, no me despierto _____.

2. Me despierto _____.

3. Nunca me levanto _____.

4. Al levantarme, _____ me ducho y me lavo el pelo.

5. _____ me afeito, me peino y me pongo la gorra de béisbol.

6. _____ desayuno en la cafetería.

7. _____ después, me voy a clase.

8. _____, a veces llego un poco tarde.

J. EJERCICIO ORAL: Lo que ha pasado [Estructura IV: El presente perfecto]
¿Qué ha hecho usted recientemente? ¿Y qué han hecho usted y sus amigos? Cambie el verbo al presente perfecto.

Ejemplo   yo: limpiar mi cuarto

(*usted responde*)   **He limpiado mi cuarto.**

Copyright © 1997 John Wiley & Sons

Nombre _____ Fecha _____ Clase _____

K. EJERCICIO ORAL: Preguntas para su hermano o hermana menor
[Estructura IV: continuado]

Es la hora de salir. ¿Qué preguntas le hace usted a su hermano o
hermana menor?

Ejemplo bañarte

(*usted pregunta*) **¿Te has bañado?**

L. EJERCICIO ORAL: ¿Qué hay de nuevo? [Estructura IV: continuado]

Usted estudió en Costa Rica el semestre pasado y acaba de volver a la
universidad. ¿Qué cosas han ocurrido en su ausencia? Responda según
los dibujos.

Octavio

Ejemplo romperse

(*usted responde*) **Octavio se ha roto la pierna.**

1.

Alfonso

2.

Linda y Manuel

3.

La profesora Linares

4.

Esteban

5.

Natalia

6.

Rubén

7. CAMPEONATO DE MIAMI — Pepita

8. Carmen

9. Mi Gato Rodolfo — Rodolfo

10. Carmen

11. Esteban

12. el vagabundo

M. EJERCICIO ESCRITO: Preguntas para usted [Estructura IV: continuado]

Escriba respuestas para las cuatro preguntas que siguen. Cada pregunta se repite dos veces.

1. _____

2. _____

3. _____

4. _____

N. EJERCICIO ORAL/ESCRITO: Lo que había pasado [Estructura V: El pasado perfecto]

Un estudiante llegó a la clase muy tarde. Indique lo que ya **había pasado** cuando él llegó. Complete la oración. Luego, escriba la primera parte del verbo en el espacio en blanco.

Ejemplo   *hablar* con la profesora/yo

   (*usted responde*)   **Ya *había* hablado con la profesora.**

   (*usted escribe*)   había

1. Ya _____ escrito las oraciones en la pizarra.

2. Ya _____ leído el Panorama Cultural.

3. Ya _____ repetido el vocabulario.

4. Ya _____ traducido las oraciones.

5. Ya _____ aprendido los verbos nuevos.

Copyright © 1997 John Wiley & Sons

Nombre _____ Fecha _____ Clase _____

6. Ya _____ devuelto los exámenes.

7. Ya _____ mostrado un vídeo.

O. EJERCICIO DE MAPA: La América Central

Vamos a explorar la América Central. Siga las instrucciones. Dibuje un
círculo en el mapa para indicar dónde está cada lugar.

P. COMPRENSIÓN: PANORAMA CULTURAL—La América Central

Escuche la siguiente información sobre Guatemala, Costa Rica y
Panamá. Mientras escucha, escriba las palabras y frases que mejor
describan cada país.

. . . . .

Guatemala	Costa Rica	Panamá
_____	_____	_____
_____	_____	_____
_____	_____	_____
_____	_____	_____

Escuche otra vez y escriba más palabras y frases para completar la descripción de cada país.

. . . . .

Finalmente, ¿con qué país asocia usted las siguientes referencias?

	Guatemala	*Costa Rica*	*Panamá*
1.	☐	☐	☐
2.	☐	☐	☐
3.	☐	☐	☐
4.	☐	☐	☐
5.	☐	☐	☐
6.	☐	☐	☐

Copyright © 1997 John Wiley & Sons

Nombre _____ Fecha _____ Clase _____

Manual de laboratorio: Capítulo 10

A. **EJERCICIO ORAL: VOCABULARIO**—Coches y carreteras

Conteste las preguntas según los dibujos. Siga los números. Repita la respuesta correcta.

B. COMPRENSIÓN: CONVERSACIÓN—Un viaje en coche

Escuche la conversación que sigue. Preste atención especial a los problemas que tiene el coche de Maite. Mientras escucha, conteste las preguntas que siguen. Complete la respuesta con la palabra apropiada.

. . . . .

1. ¿Qué oye Pepita? Oye un _____ en la _____.

2. ¿Qué va a hacer Pepita si Maite no se para? Va a _____ el _____ a San Juan.

3. ¿Qué debe hacer el empleado? Debe _____ el tanque y _____ las llantas.

Copyright © 1997 John Wiley & Sons

Nombre _____ Fecha _____ Clase _____

4. ¿Qué problemas encuentra el empleado? Encuentra que la
   _____ delantera está en malas condiciones; el coche casi no

   tiene _____ y los _____ están muy malos.

Escuche otra vez para confirmar sus respuestas.

· · · · ·

C. EJERCICIO ORAL: ¿Qué quieren que yo haga? [Estructuras I, II:
El subjuntivo en los mandatos indirectos]
Indique lo que sus hermanos mayores quieren que usted haga.

Ejemplo   ¿Qué quiere su hermano mayor que haga usted?
pagar la cuenta
(*usted responde*)   **Quiere que pague la cuenta.**

D. EJERCICIO ORAL/ESCRITO: Juanito y su madre [Estructura II:
continuado]
Según los dibujos, indique lo que la madre quiere, insiste, etc. que
Juanito haga. Escriba la forma correcta del verbo en el espacio en
blanco.

Quiere que *se acueste*.

Ejemplo   ¿Qué quiere que haga Juanito? (acostarse)
(*usted responde*)   **Quiere que se acueste.**
(*usted escribe*)   *se acueste*

1.
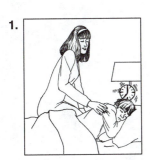

Quiere que _____

2.

Quiere que _____

3.

Quiere que _____

4.

Insiste que _____
y que _____

5.

Insiste que _____

6.

Insiste que _____

7.

Recomienda que _____

8.

Recomienda que _____

9.
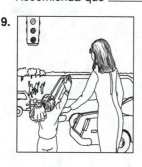

Recomienda que _____

Copyright © 1997 John Wiley & Sons

Nombre _____ Fecha _____ Clase _____

E. EJERCICIO ORAL: Las reacciones [Estructura III: El subjuntivo con expresiones de emoción]

Describa las reacciones o los sentimientos de las personas según los dibujos.

...su coche no *funcionar.*

Ejemplo ¿Qué teme Esteban?

Teme que su coche no funcione.

1.

...no *haber* clase hoy.

2.

...*estar* enferma.

3.

...Natalia *llamarlo.*

4.

...*llover.*

5.

...*hacer* sol.

6.

...*ganar.*

F. **EJERCICIO ESCRITO: Preguntas para usted** [Estructuras II, III: continuado]

Escriba respuestas para las cinco preguntas que siguen. Cada pregunta se repite dos veces.

1. _____

2. _____

3. _____

4. _____

5. _____

G. **COMPRENSIÓN: NOTICIAS CULTURALES**—**La Carretera Panamericana**

Escuche la información que sigue. Preste atención especial a la información sobre la extensión (*length*) de la Carretera Panamericana.

. . . . .

Escuche la información otra vez. Luego, conteste las preguntas. Marque con una "x" si la respuesta es **sí** o **no.**

. . . . .

	sí	*no*
1.	☐	☐
2.	☐	☐
3.	☐	☐
4.	☐	☐

Copyright © 1997 John Wiley & Sons

Nombre _____ Fecha _____ Clase _____

H. EJERCICIO ORAL/ESCRITO: Dígales lo que deben hacer
[Estructura IV: Los mandatos **usted** y **ustedes**]

Según los dibujos, indique lo que las personas deben hacer. Use los mandatos **ustedes.** Escriba el mandato en el espacio en blanco.

Ejemplo (*usted les dice*) **¡Laven el coche!**
(*usted escribe*) laven

_____ laven _____

1.

_____

2.

_____

3.

_____

4.

_____

5.

_____

6.

_____

I. EJERCICIO ORAL: Instrucciones para el empleado [Estructura IV: continuado]

Usted está en la estación de servicio. Contéstele al empleado para decirle lo que usted quiere que haga.

Ejemplo   ¿Quiere que revise el aceite?

(*usted responde*)   **Sí, revíselo, por favor.**

. . . . .

Otro día, usted le pide al empleado que **no** haga las cosas indicadas.

Ejemplo   ¿Quiere que revise el aceite?

(*usted responde*)   **No, no lo revise hoy.**

J. COMPRENSIÓN: Las direcciones [Estructura IV: continuado]

Usted decide caminar por la ciudad. Siga las direcciones. Marque su ruta en el mapa con lápiz o con bolígrafo. Usted está en la Calle 20.

Ejemplo   Siga derecho una cuadra hasta llegar a la Calle 19.

. . . . .

Copyright © 1997 John Wiley & Sons

Nombre _____ Fecha _____ Clase _____

Escuche las direcciones otra vez para confirmar su ruta.

. . . . .

K. **EJERCICIO ORAL: ¡Hagámoslo!** [Estructura V: Los mandatos
nosotros]

¿Qué quieren hacer usted y sus amigos un sábado? ¿Van al río? Use el
mandato **nosotros** para indicar lo que quieren hacer.

Ejemplo   hacer un viaje

Hagamos un viaje.

L. **EJERCICIO DE MAPA: Las Antillas Mayores**

Vamos a explorar las Antillas Mayores en barco. Marque su ruta (*Chart
your route*) marítima con lápiz o con bolígrafo.

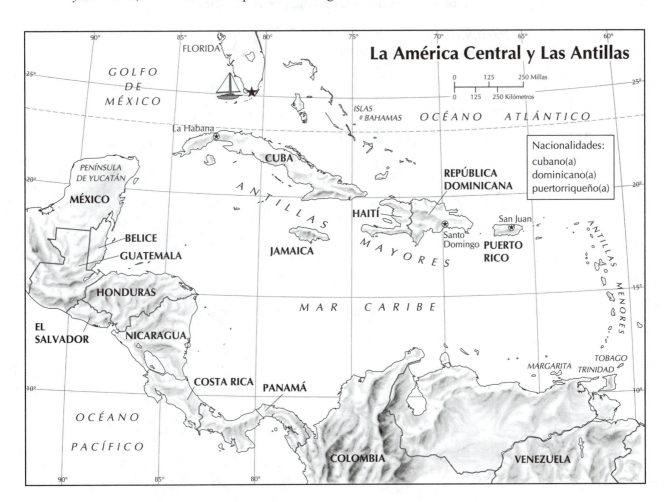

M. COMPRENSIÓN: PANORAMA CULTURAL—Las Antillas Mayores

Escuche la siguiente información sobre Cuba, la República Dominicana
y Puerto Rico. Mientras escucha, escriba las palabras y frases que
mejor describan cada país.

· · · · ·

Cuba	*República Dominicana*	*Puerto Rico*
_____	_____	_____
_____	_____	_____
_____	_____	_____
_____	_____	_____

Escuche otra vez y escriba más palabras y frases para completar la
descripción de cada país.

· · · · ·

Finalmente, ¿con qué país asocia usted las siguientes referencias?

	Cuba	*República Dominicana*	*Puerto Rico*
1.	☐	☐	☐
2.	☐	☐	☐
3.	☐	☐	☐
4.	☐	☐	☐
5.	☐	☐	☐
6.	☐	☐	☐
7.	☐	☐	☐

Copyright © 1997 John Wiley & Sons

Nombre _____ Fecha _____ Clase _____

Manual de laboratorio: Capítulo 11

A. EJERCICIO ORAL: VOCABULARIO—En el aeropuerto

Conteste las preguntas según los dibujos. Siga los números. Repita la respuesta correcta.

B. COMPRENSIÓN: CONVERSACIÓN—¡El vuelo está para salir!

Escuche la conversación que sigue. Preste atención especial al problema que tiene la profesora Linares y a la solución. Mientras escucha, marque con una "x" la respuesta correcta.

. . . . .

La profesora Linares...

☐ llega temprano.   ☐ llega tarde.

☐ puede facturar su   ☐ no puede facturarlo.
   equipaje.

☐ sale ahora.   ☐ sale en el vuelo de las 5:30.

☐ se va con maletas.   ☐ se va sin maletas.

Copyright © 1997 John Wiley & Sons

Nombre _____ Fecha _____ Clase _____

Escuche la conversación otra vez para confirmar sus respuestas.

. . . . .

C. **EJERCICIO ORAL/ESCRITO: ¿Qué le dice el padre?** [Estructura I:
Los mandatos **tú** afirmativos]

¿Qué le dice el padre a Ana? Responda según los dibujos. Use el
mandato **tú** afirmativo. Luego, escriba el mandato en el espacio en
blanco.

Ejemplo sentarte
(*usted responde*) **Siéntate.**
(*usted escribe*) Siéntate.

Siéntate.

1.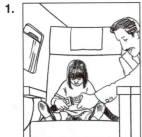

2.

3.

_____

4.

5.

6.

_____

D. **EJERCICIO ORAL: ¡No lo hagas!** [Estructura II: Los mandatos **tú**
negativos]

Su amigo indica que quiere hacer ciertas cosas. Dígale que no las haga.

Ejemplo Quiero hacerlo.
(*usted responde*) **No lo hagas.**

E. EJERCICIO ORAL: El diablo y el ángel [Estructuras I, II: continuado]

El diablo dice que **sí,** y el ángel que **no.** Responda con el mandato **tú** afirmativo y luego con el negativo.

       Ejemplo hacerlo

               DIABLO: **Hazlo.**

               ÁNGEL: **No lo hagas.**

F. COMPRENSIÓN: NOTICIAS CULTURALES—Compañías aéreas hispanas

Escuche la información que sigue. Preste atención especial a (1) por qué son excelentes las compañías aéreas hispanas, y (2) lo que las aerolíneas de carga traen a los Estados Unidos. Mientras escucha, complete las declaraciones que siguen.

. . . . .

1. Las compañías aéreas hispanas son famosas por sus excelentes
   _____ de abordo, y las _____ y la
   _____ que sirven.

2. Las aerolíneas de carga traen: _____ del Ecuador, de
   Colombia y de Costa Rica, _____ frescas y _____
   de Chile, y _____ y artículos de _____ de la
   Argentina.

Escuche otra vez para confirmar sus respuestas.

. . . . .

G. EJERCICIO ORAL: ¿Lo duda usted? [Estructura III: El subjuntivo con expresiones de duda e incredulidad]

Usted está en el aeropuerto. Indique que usted duda lo que la persona le dice.

Ejemplo El avión llega pronto.

       (*usted responde*) **Dudo que llegue pronto.**

H. EJERCICIO ORAL/ESCRITO: ¡Es urgente! [Estructura IV: El subjuntivo con expresiones impersonales]

¿Qué debe hacer Esteban? Responda según los dibujos. Escriba el verbo de la segunda parte de la oración en el espacio en blanco.

Copyright © 1997 John Wiley & Sons

Nombre _____   Fecha _____   Clase _____

Ejemplo   Es urgente/despertarse

(*usted responde*)   **Es urgente que se despierte.**

(*usted escribe*)   *se despierte*

...que   <u>*se despierte*</u>

1.

...que _____

2.

...que _____

3.

...que _____

4.

...que _____

5.

...que no _____

6.

...que no _____

I.   EJERCICIO ESCRITO: En mi vida [Estructura IV: continuado]

Complete las cinco oraciones para indicar lo que es necesario, etc. en su vida.

Ejemplo   Es importante que yo...   (*se repite dos veces*)

(*posible respuesta*)   **Es importante que yo saque buenas notas,** etc.

1. _____

2. _____

3. _____

4. _____

5. _____

J.   EJERCICO ORAL: VOCABULARIO—En la estación del ferrocarril
Conteste las preguntas según el dibujo. Siga los números. Repita la respuesta correcta.

K.   EJERCICIO ORAL: No lo creen [Estructura V: El presente perfecto de subjuntivo]

Alguien ha robado algo de la residencia estudiantil. Indique que la policía **no cree** que las personas mencionadas lo **hayan hecho.** Use el pronombre sujeto para crear énfasis o contraste.

Ejemplo   yo

       (*usted responde*)   **No cree que yo lo haya hecho.**

L.   EJERCICIO ORAL: Mi reacción [Estructura V: continuado]

Indique si usted **se alegra que** o **siente que** las situaciones **hayan ocurrido.**

Ejemplo   Octavio se ha roto la pierna.

       (*usted responde*)   **Siento que se haya roto la pierna.**

1.    **2.** 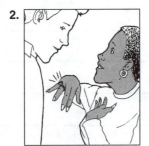   **3.**

Copyright © 1997 John Wiley & Sons

Nombre _____ Fecha _____ Clase _____

4.

5.

6.

M. EJERCICIO DE MAPA: Colombia y Venezuela

Vamos a explorar Colombia y Venezuela. Con lápiz o con bolígrafo dibuje un círculo en el mapa para indicar dónde está cada uno de los lugares que siguen.

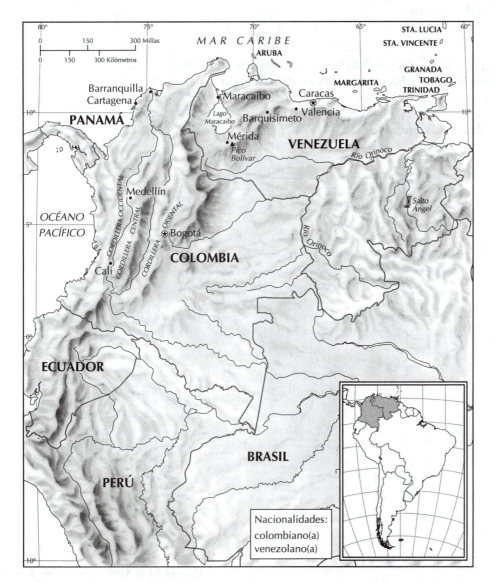

N. COMPRENSIÓN: PANORAMA CULTURAL—Colombia y Venezuela

Escuche la siguiente información sobre Colombia y Venezuela.
Mientras escucha, escriba las palabras y frases que mejor describan
cada país.

. . . . .

Colombia   *Venezuela*

_____   _____

_____   _____

_____   _____

_____   _____

_____   _____

Escuche otra vez y escriba más palabras y frases para completar la
descripción de cada país.

. . . . .

Finalmente, ¿con qué país asocia usted las siguientes referencias? Es
posible que algunas de las referencias describan los dos países. En tal
caso, marque una "x" en ambas columnas.

    Colombia   *Venezuela*

1. ☐ ☐
2. ☐ ☐
3. ☐ ☐
4. ☐ ☐
5. ☐ ☐
6. ☐ ☐
7. ☐ ☐
8. ☐ ☐
9. ☐ ☐
10. ☐ ☐

Copyright © 1997 John Wiley & Sons

Nombre _____ Fecha _____ Clase _____

Manual de laboratorio: Capítulo 12

A. **EJERCICIO ORAL: VOCABULARIO**—En el hotel

Conteste las preguntas según los dibujos. Siga los números. Repita la respuesta correcta.

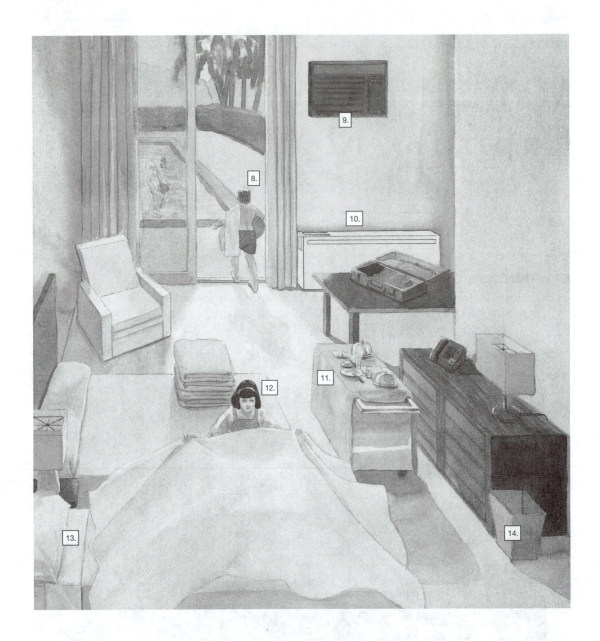

B. COMPRENSIÓN: CONVERSACIÓN—Un inconveniente en el hotel

Escuche la conversación que sigue. Preste atención especial al
problema que tienen Esteban y Manuel. Mientras escucha, marque
con una "x" la respuesta correcta.

. . . . .

1. Esteban y Manuel hicieron las reservaciones...

   ☐ la semana pasada ☐ hace tres meses.

2. Piensan quedarse...

   ☐ dos semanas ☐ una noche.

3. El problema es que el hotel...

   ☐ está lleno ☐ es muy pequeño.

Copyright © 1997 John Wiley & Sons

Nombre _____ Fecha _____ Clase _____

4. Esteban y Manuel...

☐ buscan otro hotel   ☐ se quedan allí.

5. La habitación que encontró el recepcionista...

☐ es perfecta   ☐ tiene algunos inconvenientes.

Escuche la conversación otra vez para confirmar sus respuestas.

. . . . .

C. EJERCICIO ORAL: Las personas en el hotel [Estructura I: Más palabras afirmativas y negativas]
Indique cómo eran algunas de las personas que trabajaban o estaban en el hotel.

Ejemplo   ¿Eran corteses todos los porteros?
(*usted responde*)   **No. Sólo algunos eran corteses.**

D. EJERCICIO ORAL: Ninguno fue [Estructura I: continuado]
Diga que ninguna persona fue a los lugares indicados.

Ejemplo   **¿Fueron a la sauna algunas de las mujeres?**
(*usted responde*)   **No. Ninguna fue.**

E. EJERCICIO ORAL/ESCRITO: ¿Quién puede ayudarme? [Estructura II: El subjuntivo con referencia a lo indefinido o inexistente]
Usted necesita ayuda. Hágales preguntas a las personas para ver quién puede ayudarle. Escriba la segunda parte de la pregunta en el espacio en blanco.

Ejemplo   hablar español
(*usted pregunta*)   **¿Hay alguien aquí que hable español?**
(*usted escribe*)   hable español

¿Hay alguien aquí...

1. ...que _____?

2. ...que _____?

3. ...que _____?

4. ...que _____?

F. EJERCICIO ORAL/ESCRITO: Sí y no [Estructura II: continuado]
Primero, diga que **usted sí conoce a alguien** de esa descripción.
Escriba el verbo. Luego, usted se cambia de opinión y dice que **no
conoce a nadie** de esa descripción. Escriba el verbo en el espacio en
blanco.

Ejemplo   tiene una motocicleta
(*usted responde*)   **Sí, conozco a alguien que tiene una motocicleta.**
(*usted escribe*)   tiene
(*usted responde*)   **No. No conozco a nadie que tenga una motocicleta.**
(*usted escribe*)   tenga

1. ...que _____...;   ...que _____...

2. ...que _____...;   ...que _____...

3. ...que _____...;   ...que _____...

4. ...que _____...;   ...que _____...

G. EJERCICIO ESCRITO: Preguntas para usted [Estructura II:
continuado]
Escriba respuestas para las cuatro preguntas que siguen. Cada pregunta
se repite dos veces.

1. _____

2. _____

3. _____

4. _____

**H. COMPRENSIÓN: NOTICIAS CULTURALES—El alojamiento en el
mundo hispano**
Escuche la información que sigue. Preste atención especial a (1) la
variedad de lugares de alojamiento y (2) cuáles son los más bellos y
pintorescos. Mientras escucha, complete las declaraciones que
siguen.

1. Para los empresarios o los turistas exigentes hay _____
   _____ como el Meliá o el Hilton.

2. Para los trotamundos o los viajeros menos exigentes, hay
   _____ y _____ que son más económicas.

3. Los hospedajes más pintorescos son los _____
   nacionales.

4. En Venezuela, el parador *Los Frailes* era _____.
   Está situado en los _____.

Copyright © 1997 John Wiley & Sons

Nombre _____ Fecha _____ Clase _____

5. En España, algunos de los paradores son antiguos monasterios, _____, conventos o _____.

Escuche otra vez para confirmar sus respuestas.

. . . . .

I.   EJERCICIO ORAL: Son muy similares [Estructura III: Comparaciones de igualdad]
Haga las comparaciones.

Octavio/Javier

Ejemplo   inteligente
Octavio es tan inteligente como Javier.

1.

Javier/su hermano

2.

Camila/su hermana

3.

el ogro/su amigo

4.

Linda/Manuel

5.

la profesora Linares/Alfonso

6.

Inés/Natalia

Carmen/su amiga   Esteban/Pepita

J. **EJERCICIO ORAL: ¡No son iguales!** [Estructura IV: Comparaciones de desigualdad y los superlativos]

Haga comparaciones según las diferencias que se ven en los dibujos. Siga el ejemplo.

Hotel Mar	Hotel Rey	Hotel Oro
$75	$150	$250

Ejemplo El Hotel Mar es caro.

El Hotel Rey...

(*usted responde*) **El Hotel Rey es más caro.**

El Hotel Oro...

(*usted responde*) **El Hotel Oro es el más caro de los tres.**

1.

2.

3.
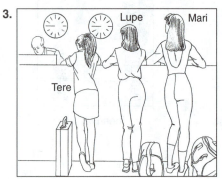

4.

Copyright © 1997 John Wiley & Sons

Nombre _____ Fecha _____ Clase _____

K. **EJERCICIO ESCRITO: Preguntas para usted** [Estructuras III, IV: continuado]

Escriba respuestas para las cinco preguntas que siguen. Cada pregunta se repite dos veces.

1. _____

2. _____

3. _____

4. _____

5. _____

L. **EJERCICIO ORAL: Si ganara la lotería** [Estructura V: El condicional]

Indique lo que las personas harían si ganaran la lotería.

Ejemplo   ir a Europa/Carlos

(*usted responde*)   **Iría a Europa.**

M. **EJERCICIO ORAL: ¿Qué haría Jaime?** [Estructura V: continuado]

A Jaime le gusta mucho visitar la Península de Yucatán en México. No está allí ahora, pero piensa en lo que haría allí. Responda según los dibujos.

dormir

Ejemplo   ¿Qué haría Jaime?

(*usted responde*)   **Dormiría en una hamaca.**

1. nadar

2. alquilar

3. pescar

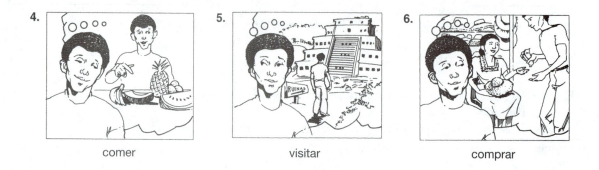

4. comer

5. visitar

6. comprar

N. **EJERCICIO DE MAPA:** Los países andinos: el Perú, Bolivia y el Ecuador

Vamos a explorar los países andinos. Marque su ruta en el mapa con lápiz o con bolígrafo.

Copyright © 1997 John Wiley & Sons

Nombre _____ Fecha _____ Clase _____

O. COMPRENSIÓN: PANORAMA CULTURAL—Los países andinos

Escuche la siguiente información sobre (1) el gran imperio inca, (2) el Perú, (3) Bolivia y (4) el Ecuador. Mientras escucha, escriba las palabras y frases que mejor describan el gran imperio inca y los países andinos.

. . . . .

el gran imperio inca   *el Perú*

_____   _____

_____   _____

_____   _____

_____   _____

Bolivia   *el Ecuador*

_____   _____

_____   _____

_____   _____

_____   _____

Escuche otra vez y escriba más palabras y frases para completar cada descripción.

. . . . .

Finalmente, conteste las preguntas. Marque con una "x" la respuesta correcta.

1. ☐ Cuzco   ☐ Machu Picchu
2. ☐ diez mil   ☐ diez millones
3. ☐ patatas   ☐ maíz
4. ☐ en la zona costera   ☐ en la región andina
5. ☐ español y quechua   ☐ español y catalán
6. ☐ en las tierras bajas   ☐ en la región andina
7. ☐ Sucre   ☐ La Paz
8. ☐ en la costa   ☐ en la zona amazónica
9. ☐ el Ecuador   ☐ el Perú
10. ☐ Quito   ☐ Guayaquil

Nombre _____ Fecha _____ Clase _____

Manual de laboratorio: Capítulo 13

A. **EJERCICIO ORAL: VOCABULARIO—El mundo de hoy**

Conteste las preguntas según los dibujos. Siga los números. Repita la respuesta correcta.

EL MEDIO AMBIENTE

LOS PROBLEMAS DE LA SOCIEDAD

B. COMPRENSIÓN: CONVERSACIÓN—El medio ambiente

Escuche la conversación que sigue. Mientras escucha, complete las
oraciones indicando las cosas que estos estudiantes proponen hacer
para proteger el medio ambiente.

. . . . .

1. Pueden _____

2. También pueden _____

   y no _____

3. También sería buena idea _____

4. Y Camila debe dejar de _____

Copyright © 1997 John Wiley & Sons

Nombre _____ Fecha _____ Clase _____

Escuche otra vez para confirmar la lista de ideas.

. . . . .

C.   EJERCICIO ORAL: ¿Qué sugirió? [Estructura I: El imperfecto de subjuntivo]

Diga lo que sugirió nuestro amigo. Cambie el verbo en la segunda cláusula según la persona.

Ejemplo   Sugirió que conservaras agua. (yo)

(*usted responde*)   **Sugirió que conservara agua.**

D.   EJERCICIO ORAL: ¿Qué querían? [Estructura I: continuado]

Durante sus años en la escuela secundaria, ¿qué querían sus padres que hiciera usted?

Ejemplo   estudiar mucho

(*usted responde*)   **Querían que estudiara mucho.**

E.   EJERCICIO ORAL/ESCRITO: La misión de Natalia [Estructura I: continuado]

Natalia trabajaba de voluntaria en una clínica. Decidió llevar medicina a Los Nevados, un pueblo remoto en los Andes. Su amiga había hecho el viaje antes. ¿Qué le recomendó ella? Primero, responda. Luego, escriba la forma correcta del verbo en el espacio en blanco.

Ejemplo   llevar

(*usted responde*)   **Le recomendó que llevara su mochila.**

(*usted escribe*)   llevara

...que _llevara_ ...

1.

...que _____ ...

2.

...que _____ ...

3.

...que _____ ...

4.

...que _____ ...

5.

...que _____ ...

6.

...que _____ ...

7.

...que _____ ...

8.

...que _____ ...

F.   EJERCICIO ORAL: Lo lamenté y después me alegré [Estructura II:
El pluscuamperfecto de subjuntivo]

Indique su reacción **(lamenté** o **me alegré)** a lo que había pasado. Use
el pluscuamperfecto de subjuntivo.

Ejemplo   Alguien había contaminado el río.

Lamenté que alguien hubiera contaminado el río.

. . . . .

Ejemplo   Algunos voluntarios habían limpiado el río.

Me alegré que hubieran limpiado el río.

**G.   COMPRENSIÓN: NOTICIAS CULTURALES—Manifestaciones
estudiantiles**

Escuche la información que sigue. Preste atención especial a (1) los
lugares donde ocurre la actividad política, y (2) el tipo de causas que

Copyright © 1997 John Wiley & Sons

Nombre _____ Fecha _____ Clase _____

apoyan los estudiantes. Mientras escucha, marque con una "x" la información correcta.

. . . . .

Los estudiantes protestan...

☐ en las universidades

☐ en la calle

☐ en el gobierno

Protestan contra...

☐ las injusticias sociales

☐ los gobiernos represivos

☐ la contaminación ambiental

☐ los profesores

☐ el costo de la matrícula

Escuche otra vez para confirmar sus respuestas.

. . . . .

H. EJERCICIO ORAL/ESCRITO: Estaría muy contento o contenta
[Estructura III: Cláusulas con **si**]
Indique las condiciones bajo las cuales usted estaría muy contento o contenta. Luego, escriba el verbo en el espacio en blanco.

Ejemplo sacar una "A" en el examen final

　　　　　(*usted responde*) **Estaría muy contento (o) contenta si sacara una "A" en el examen final.**

　　　　　(*usted escribe*) sacara

Estaría muy contento(a)...

1. ...si _____

2. ...si no _____

3. ...si _____

4. ...si _____

5. ...si _____

I. **EJERCICIO ORAL: La fantasía** [Estructura III: continuado]

Según los dibujos, diga lo que usted haría bajo las circunstancias indicadas.

Ejemplo estar

(*usted responde*) **Si estuviera en la selva...**
observar

(*usted responde*) **...observaría las serpientes, las plantas,** etc.

1.

2.

3.

4.

5.

6.

7.

8.

J. **EJERCICIO ESCRITO: Preguntas para usted** [Estructura III: continuado]

Escriba respuestas para las cuatro preguntas que siguen. Cada pregunta se repite dos veces.

1. _____

2. _____

3. _____

4. _____

Copyright © 1997 John Wiley & Sons

Nombre _____ Fecha _____ Clase _____

K. EJERCICIO ORAL: Más fantasías [Estructura IV: El subjuntivo con **ojalá**]

Indique lo que usted espera o desea.

Ejemplo no llover

  (*usted responde*) **Ojalá que no lloviera.**

L. EJERCICIO DE MAPA: Los países del Cono Sur: Chile, la Argentina, el Uruguay y el Paraguay

Vamos a explorar los países del Cono Sur. Con lápiz o con bolígrafo dibuje un círculo en el mapa para indicar dónde está cada lugar y una línea para indicar su ruta.

M. COMPRENSIÓN: PANORAMA CULTURAL—Los países del Cono Sur: Chile, la Argentina, el Uruguay y el Paraguay

Escuche la siguiente información sobre Chile, la Argentina, el Uruguay y el Paraguay. Mientras escucha, escriba las palabras y frases que mejor describan cada país.

. . . . .

Chile	*Argentina*	*Uruguay*
_____	_____	_____
_____	_____	_____
_____	_____	_____
_____	_____	*Paraguay*
_____	_____	_____
_____	_____	_____
_____	_____	_____

Escuche otra vez y escriba más palabras y frases para completar la descripción de cada país.

. . . . .

Finalmente, ¿con qué país asocia usted las siguientes referencias?

	Chile	*Argentina*	*Uruguay*	*Paraguay*
1.	☐	☐	☐	☐
2.	☐	☐	☐	☐
3.	☐	☐	☐	☐
4.	☐	☐	☐	☐
5.	☐	☐	☐	☐
6.	☐	☐	☐	☐
7.	☐	☐	☐	☐
8.	☐	☐	☐	☐
9.	☐	☐	☐	☐

Copyright © 1997 John Wiley & Sons

Nombre _____ Fecha _____ Clase _____

Manual de laboratorio: Capítulo 14

A. EJERCICIO ORAL: VOCABULARIO—**La comunicación, la tecnología y el mundo de negocios**

Conteste las preguntas según los dibujos. Siga los números. Repita la respuesta correcta.

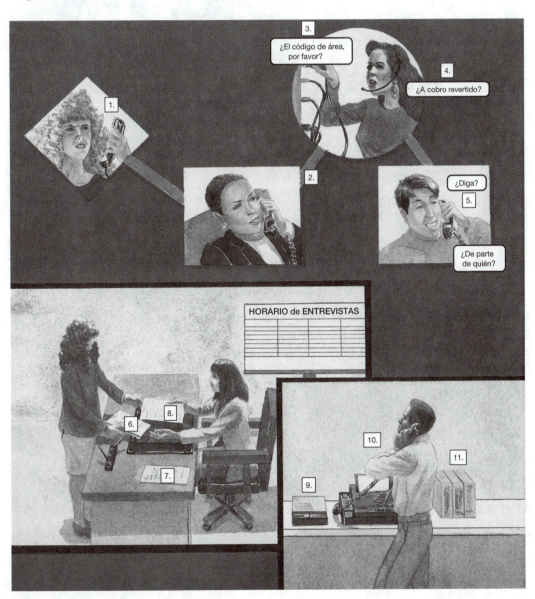

B. COMPRENSIÓN: CONVERSACIÓN—**Una entrevista de trabajo**

Escuche la conversación que sigue. Preste atención especial a (1) los pequeños problemas que existen, y (2) si Carmen recibe el puesto o no. Mientras escucha, indique con una "x" si cada declaración es correcta o no.

. . . . .

	sí	*no*
1. Carmen está bien preparada para el puesto.	☐	☐
2. El gerente le dice a Carmen el salario.	☐	☐
3. El señor Castañeda recuerda el nombre de Carmen.	☐	☐
4. Carmen recibe el puesto.	☐	☐

Copyright © 1997 John Wiley & Sons

Nombre _____ Fecha _____ Clase _____

Escuche otra vez para confirmar sus respuestas.

. . . . .

C. **EJERCICIO ORAL: ¿Qué harán?** [Estructura I: El futuro]
¿Qué harán los estudiantes la semana que viene?

Ejemplo   buscar empleo/yo
             (*usted responde*)   **Buscaré empleo.**

D. **EJERCICIO ORAL: ¿Me escribirás?** [Estructura I: continuado]
Su amiga hará un viaje a la Argentina. Usted tiene muchas preguntas
para ella.

Ejemplo   llamarme
             (*usted pregunta*)   **¿Me llamarás?**

E. **EJERCICIO ESCRITO: Preguntas para usted** [Estructura I:
continuado]
Escriba respuestas para las cinco preguntas que siguen. Cada pregunta
se repite dos veces.

1. _____

2. _____

3. _____

4. _____

5. _____

F. **EJERCICIO ORAL: Excusas** [Estructura II: El subjuntivo después de
conjunciones temporales]
Dígale a su amigo o amiga que usted saldrá con él o con ella cuando lo
siguiente ocurra.

Ejemplo   tener la oportunidad
             (*usted responde*)   **Saldré contigo cuando tenga la oportunidad.**

G. **EJERCICIO ORAL/ESCRITO:** **¿Cuándo saldrán?** [Estructura II: continuado]

Los estudiantes se van de vacaciones juntos. Indique que saldrán **tan pronto como** o **después de que** hagan las cosas que siguen. Escriba el verbo en el espacio en blanco.

Ejemplo   limpiar el apartamento

(*usted responde*)   **Saldrán tan pronto como Camila limpie el apartamento.**

(*usted escribe*)   limpie

...tan pronto como

Camila _limpie_ ...

1.

...tan pronto como

Javier _____...

2.

...tan pronto como

Alfonso _____...

3.

...después de que

Esteban _____...

4.

...después de que

Rubén _____...

5.

...tan pronto como

Linda y Carmen _____...

6.

...tan pronto como

Inés y Pepita _____...

H. **EJERCICIO ORAL:** **Condiciones** [Estructura III: El subjuntivo después de conjunciones de condición y de finalidad]

Diga que nos vamos a Sudamérica **con tal que** ocurra lo siguiente.

Ejemplo   tener el dinero

(*usted responde*)   **Nos vamos con tal que tengamos el dinero.**

Copyright © 1997 John Wiley & Sons

Nombre _____ Fecha _____ Clase _____

I. **EJERCICIO ORAL: La maleta de Alfonso** [Estructura III: continuado]

Alfonso va a hacer un viaje también. ¿Por qué lleva las cosas indicadas en los dibujos? Use la expresión **en caso de que** en cada respuesta.

entender algunas palabras

Ejemplo ¿Por qué lleva el diccionario?

(*usted responde*) **Lo lleva en caso de que no entienda algunas palabras.**

1.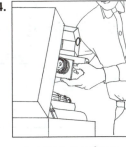

llover

2.

hacer fresco

3.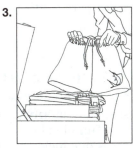

ir a la playa

4.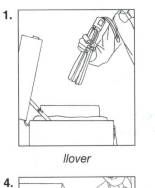

querer sacar fotos

5.

encontrar un regalo especial

6.

hacer llamadas de larga distancia

7.

tener dolor de cabeza

8.

comer ajo y cebollas

J. COMPRENSIÓN: NOTICIAS CULTURALES: La Internet en Hispanoamérica y España

Escuche la información que sigue. Preste atención especial a (1) cuánto ha crecido (*grown*) la Internet y (2) cómo se puede usar. Mientras escucha, conteste las preguntas. Para contestarlas, complete las declaraciones.

. . . . .

1. ¿En qué año se creó la Internet? En los años _____.

2. Para el año 2001, ¿cuántas computadoras conectadas habrá? _____ millones.

3. Desde su casa, universidad u oficina en los Estados Unidos, ¿cuáles son algunas cosas que usted puede hacer usando la Internet?

   a) buscar _____

   b) puedo establecer _____

   c) puedo practicar _____

Escuche otra vez para confirmar la información.

. . . . .

K. COMPRENSIÓN: PANORAMA CULTURAL—Los países hispanos al frente de la tecnología mundial

Escuche la siguiente información sobre "el gigante de la Mancha," "la televisión" y "un ojo al universo". Mientras escucha, escriba las palabras y frases que mejor describan cada tema (*theme*).

. . . . .

El gigante de la Mancha	*Televisión*	*Un ojo al universo*
_____	_____	_____
_____	_____	_____
_____	_____	_____
_____	_____	_____
_____	_____	_____

Escuche otra vez y escriba más palabras y frases para completar cada descripción.

. . . . .

Copyright © 1997 John Wiley & Sons

Nombre _____ Fecha _____ Clase _____

Finalmente, conteste las preguntas. Marque con una "x" la respuesta correcta.

1. ☐ cerca de Barcelona, España   ☐ cerca de Toledo, España

2. ☐ de energía solar   ☐ de energía nuclear

3. ☐ mexicano   ☐ argentino

4. ☐ en España   ☐ en el Perú

5. ☐ sí   ☐ no

6. ☐ en Puerto Rico   ☐ en Panamá

7. ☐ para captar señales de otros países   ☐ para captar señales de otros mundos

ANSWER KEY TO INTEGRACIÓN: EJERCICIOS ESCRITOS

CAPÍTULO 1

1.1 1. ¿Cómo se llama usted? 2. ¿Cómo te llamas? 3. Me llamo... 4. Permítame presentarle a Octavio Chan. 5. Quiero presentarte a Octavio. 6. Encantado(a). 7. El gusto es mío.

1.2 1. Ella 2. Él 3. Ellas 4. Ellos 5. Yo 6. Nosotros

1.3 1. (a) ¿De dónde es la profesora Guzmán? (b) Es de España. 2. (a) ¿De dónde son Rosa y Camila? (b) Son de Tejas. 3. (a) ¿De dónde eres? (b) Soy de Arizona. 4. (a) ¿De dónde son ustedes? (b) Somos de Nuevo México.

1.4 1. Buenas tardes, señor Gutiérrez. 2. ¿Cómo está usted? 3. Hola, Lisa. 4. ¿Cómo estás? 5. ¿Qué pasa? 6. Perdón. 7. Con permiso. 8. Perdón. 9. Adiós. Hasta mañana.

1.5 1. la tiza, el borrador 2. la respuesta 3. el examen, la prueba 4. el capítulo, la lección, la página 5. el papel 6. el bolígrafo 7. la oración 8. el pupitre

1.6 1. un dólar veinticinco (veinte y cinco) centavos 2. tres dólares treinta centavos 3. quince dólares 4. nueve dólares veinte centavos 5. dieciocho (diez y ocho) dólares 6. veintisiete (veinte y siete) dólares 7. dieciséis (diez y seis) dólares

1.7 (No answers provided.)

1.8 1. la, los, la, las, las, las, la, el 2. unos, un, un, una, una, unos, un

1.9 1. los exámenes 2. los papeles 3. las notas 4. las respuestas 5. los cuadernos 6. las composiciones

1.10 1. Voy a la clase de español. 2. Carlos va al centro estudiantil. 3. Lisa y Teresa van a la librería. 4. Victor, ¿vas a la oficina del profesor? 5. Vamos al gimnasio.

1.11 1. ¿Van Jim y Sam a la fiesta? 2. ¿Va la profesora al laboratorio? 3. ¿Son los estudiantes de California? 4. ¿Es Marta de Nuevo México?

1.12 1. ¡No, no es pesimista! 2. ¡No, no es inmoral! 3. ¡No, no es irresponsable! 4. ¡No, no va al bar! 5. ¡No, no va al casino!

1.13 1. domingo, martes 2. miércoles, viernes 3. sábado, lunes

1.14 1. Leti va a la clase de español el lunes, el miércoles y el viernes. 2. Va al laboratorio de química el jueves. 3. Va a la clase de música y a la biblioteca el martes. 4. Va al parque con Óscar el domingo. 5. Va al gimnasio y a la fiesta el sábado.

1.15 1. Son las tres y media de la mañana. 2. Son las ocho y diez de la mañana. 3. Es la una menos cuarto de la tarde. 4. Son las doce menos diez de la noche.

1.16 1. Es a las ocho y media. 2. Es a las nueve. 3. Es a las siete.

1.17 (No answers provided.)

1.18 (No answers provided.)

CAPÍTULO 2

2.1 **Vertical:** 1. abuelo 2. madre 3. nieta 4. perro 5. primo 6. casa 7. hija **Horizontal:** 4. padres 6. coche 8. bebé 9. hermano 10. tío 11. esposa

2.2 (No answers provided.)

2.3 1. el enfermero, la enfermera/el médico, la médica 2. el hombre de negocios, la mujer de negocios 3. el contador, la contadora 4. el programador, la programadora 5. el abogado, la abogada 6. el dependiente, la dependienta

2.4 1. treinta y ocho, treinta y nueve, cuarenta y dos 2. setenta y dos 3. veintitrés (veinte y tres) 4. ciento veintiocho (veinte y ocho) 5. cincuenta y cinco 6. cincuenta y tres

2.5 1. sesenta y nueve 2. cincuenta y cinco 3. setenta y cuatro 4. ochenta y uno 5. cien 6. noventa y dos 7. noventa

2.6 1. tengo 2. tienes 3. tiene 4. tienen 5. tienen 6. Tenéis 7. tenemos

2.7 1. ...tiene veintiún años. 2. ...tiene cuarenta y cuatro años. 3. ...tiene sesenta y siete años. 4. ...tiene cien años. 5. ...tengo ...años.

2.8 1. mi 2. sus 3. su 4. tu, tus 5. nuestros 6. nuestro

2.9 1. Son guapos. 2. Soy rico(a). 3. Es inteligente. 4. Es trabajadora. 5. Es alta. 6. Son morenos. 7. Son fuertes. 8. Son divertidos. 9. Es simpático. 10. Son viejos. 11. Son pequeñas. 12. Son fáciles. 13. Son buenos.

2.10 1. Ana es muy seria. 2. Teresa y Ana son jóvenes e inteligentes. 3. La señora Vidal no es una maestra aburrida.

2.11 (No answers provided.)

2.12 1. Es francés. 2. Son japoneses. 3. Es española. 4. Son inglesas. 5. Son portuguesas. 6. Es estadounidense (norteamericano). 7. Es canadiense. 8. Son alemanes. 9. Es puertorriqueña.

2.13 1. Mi hermano está en las montañas. 2. Mi amiga y yo estamos en la universidad. 3. Mi hermano menor está en la escuela primaria. 4. Estoy en la ciudad. 5. ¿Estás en la playa? 6. ¿Están ustedes en la escuela secundaria? 7. Mis tíos están en el trabajo.

2.14 1. Están cansadas. 2. Están nerviosos y preocupados. 3. ...está enojada. 4. Están tristes. 5. Están aburridos. 6. Está enfermo. 7. Está mal.

2.15 1. está 2. Es 3. es, es 4. están 5. es 6. Es 7. Es 8. está 9. es 10. Está

2.16 (No answers provided.)

2.17 (No answers provided.)

CAPÍTULO 3

3.1 **Horizontal:** 1. naranja 2. cereza 3. sandía 4. uva 5. limón **Vertical:** 6. fresa 7. manzana 8. banana 9. durazno 10. piña

3.2 (No answers provided.)

3.3 (No answers provided.)

3.4 1. (a) Sí, los estudiantes estudian (No, los estudiantes no estudian) los fines de semana. (b) Sí, estudio (No, no estudio) los fines de semana. 2. (a) Sí, los estudiantes asisten (No, los estudiantes no asisten) a clase los sábados. (b) Sí, asisto (No, no asisto) a clase los sábados. 3. (a) Sí, los estudiantes desayunan (No, los estudiantes no desayunan) todas las mañanas. (b) Sí, desayuno (No, no desayuno) todas las mañanas. 4. (a) Sí, los estudiantes trabajan (No, los estudiantes no trabajan) por la noche. (b) Sí, trabajo (No, no trabajo) por la noche. 5. (a) Sí, los estudiantes hablan mucho (No, los estudiantes no hablan mucho) por teléfono. (b) Sí, hablo mucho (No, no hablo mucho) por teléfono. 6. (a) Sí, los estudiantes comen (No, los estudiantes no comen) en la cafetería. (b) Sí, como (No, no como) en la cafetería. 7. (a) Sí, los estudiantes viven (No, los estudiantes no viven) en las residencias estudiantiles. (b) Sí, vivo (No, no vivo) en las residencias estudiantiles.

3.5 1. Normalmente cenamos... 2. Normalmente compramos nuestros cuadernos,... 3. Normalmente estudiamos... 4. Normalmente aprendemos... 5. Normalmente escribimos...

3.6 **A.** 1. ¿Asistes a muchos conciertos de "rock"? 2. ¿Bebes Coca-Cola todos los días? 3. ¿Preparas comida para tus amigas todos los días? **B.** 1. ¿Tomáis clases en la universidad? 2. ¿Coméis en la cafetería? 3. ¿Vivís en la residencia estudiantil? **C.** 1. ¿Habla usted español en casa? 2. ¿Come usted comida española con frecuencia? 3. ¿Vive usted cerca de la universidad?

3.7 1. Necesitamos estudiar mucho esta noche. 2. ¿Deseas ir a la biblioteca o al gimnasio?

Copyright © 1997 John Wiley & Sons

3.8 1. mañana 2. más tarde 3. la noche 4. por la mañana, por la tarde 5. a tiempo, temprano 6. esta noche 7. los días

3.9 1. desayuno 2. almuerzo 3. cena 4. ensalada 5. vinagre 6. fritas 7. pimienta 8. mermelada 9. azúcar 10. vino 11. frío 12. bebidas 13. postres

3.10 (No answers provided.)

3.11 (No answers provided.)

3.12 1. ¿Cuándo vas a cenar? ¿ahora o más tarde? 2. ¿Dónde está el restaurante? 3. ¿Qué tipo de comida sirven? 4. ¿Quién es esa mujer? 5. ¿Cómo preparan el pescado? ¿frito o al horno? 6. ¿Cuál de los postres deseas? 7. ¿Cuánto cuesta la cena completa?

3.13 1. ¿Cuántos hermanos o hermanas tienes? Tengo... hermanos(as). 2. ¿Dónde trabajas? Trabajo en... 3. ¿Qué días asistes a la clase de español? Asisto a la clase de español los lunes... 4. ¿Adónde vas normalmente después de la clase de español? Voy a... 5. ¿Cuándo estudias? Estudio por la mañana (tarde, noche).

3.14 1. ...me gusta el helado de chocolate. 2. ...me gustan las galletas. 3. ...le gustan las bananas. 4. ...le gusta el jugo de naranja. 5. ...les gusta la Coca-Cola. 6. ...les gustan los perros calientes.

3.15 1. Juan, ¿te gusta comer aquí? 2. A Carlos le gustan los postres. 3. Me gusta la torta de chocolate. 4. No nos gusta el café.

3.16 (No answers provided.)

3.17 (No answers provided.)

3.18 (No answers provided.)

CAPÍTULO 4

4.1 **Horizontal:** 1. escuchar 2. nadar 3. limpiar 4. manejar 5. mirar 6. bailar **Vertical:** 3. leer 7. descansar 8. cocinar 9. tocar 10. esquiar 11. jugar 12. fumar

4.2 (No answers provided.)

4.3 1. orejas 2. nariz 3. boca 4. dientes 5. labios 6. ojos 7. manos, dedos 8. brazos 9. piernas, pies

4.4 1. Abrazo a mi novio(a) todos los días. 2. Beso a mi novio(a) frecuentemente. 3. Llamo a mi novio(a) por teléfono todas las noches. 4. Con frecuencia miro la televisión con él/ella. 5. Con frecuencia compro regalos especiales para él/ella.

4.5 1. La enfermera mira al paciente. 2. Está preocupada. 3. Busca al médico. 4. Necesita llamar a la familia.

4.6 1. Yo hago los sandwiches y Juan hace la limonada. 2. Yo traigo toda la comida y Juan trae todas las bebidas y el hielo. 3. Yo pongo la comida en mi coche y Juan pone las bebidas en su coche. 4. Yo conduzco el Jeep y Juan conduce el Ford. 5. Yo salgo de la universidad a las 11:00 y Juan sale a las 11:30. 6. Yo veo a todos mis amigos en el parque y Juan ve a su novia.

4.7 1. Conozco a María Luisa. 2. Sé su número de teléfono. 3. ¿Sabes dónde vive ella? 4. ¿Conoces bien esa parte de la ciudad? 5. María Luisa sabe bailar muy bien. 6. También sabe tocar el piano. 7. ¿Sabéis tocar algún instrumento musical?

4.8 1. Hace frío. 2. Hace calor. 3. Hace buen tiempo. 4. Hace mal tiempo. 5. Hace fresco. 6. Está nublado. 7. lloviendo, Llueve, lluvia 8. nieve 9. Hace mucho viento.

4.9 1. ¿Qué tiempo hace hoy? 2. ¿Está lloviendo? (¿Llueve?) 3. No. Hace mucho frío. ¿No tienes frío? 4. ¡No! ¡Hace sol! Tengo calor.

4.10 1. ¿Dónde almuerzan ustedes? Almorzamos en la cafetería, etc. 2. En los restaurantes, ¿qué comida piden ustedes con frecuencia? Pedimos pollo, etc. 3. ¿Qué bebidas prefieren ustedes? Preferimos té, etc. 4. ¿Qué quieren hacer ustedes esta noche? Queremos ir a un restaurante, etc. 5. ¿Qué piensan hacer ustedes esta noche? Pensamos ir a una fiesta, etc. 6. ¿Cuándo pueden ustedes salir? Podemos salir a las 7:00, etc.

4.11   1. Sí, vengo a clase (No, no vengo a clase) con toda la tarea preparada. 2. Sí, digo (No, no digo) "Buenos días, profesor(a)". 3. Sí, entiendo (No, no entiendo) todo lo que dice el profesor/la profesora. 4. Sí, puedo contestar (No, no puedo contestar) todas las preguntas. 5. Prefiero la clase de español (la clase de matemáticas).

4.12   1. Frecuentemente pienso en mis amigos de la escuela secundaria. 2. Pienso llamar a una de mis amigas esta noche. 3. Ella juega al tenis. 4. Si puede venir a la universidad, podemos jugar en las canchas nuevas.

4.13   1. dolor, estómago 2. dolor, garganta 3. dolor, cabeza 4. resfriado 5. fiebre, tos

4.14   (No answers provided.)

4.15   1. Tiene que limpiar el cuarto. 2. Tiene que escribir la composición. 3. Tiene ganas de jugar al tenis con Concha. 4. Tiene que ir al supermercado. 5. Tiene que llamar a la farmacia. 6. Tiene ganas de llamar a Óscar. 7. Tiene ganas de ir al teatro.

4.16   1. Tengo que estudiar, etc. 2. Debo trabajar, etc. 3. Tengo ganas de ir a la playa, etc.

4.17   1. ...voy a escuchar la radio. 2. ...va a jugar al voleibol. 3. ¿...vas a leer el libro? 4. ...va a tocar la guitarra. 5. ...van a mirar la televisión. 6. ...vamos a esquiar.

4.18   (No answers provided.)

4.19   (No answers provided.)

CAPÍTULO 5

5.1   **Horizontal:** 1. bolsa, bolso 2. paraguas 3. impermeable 4. abrigo 5. vestido 6. reloj 7. botas 8. corbata 9. medias 10. guantes **Vertical:** 11. sombrero 12. zapatos 13. camisa 14. traje 15. cinturón 16. gorra

5.2   (No answers provided.)

5.3   1. sucia 2. corta 3. cara 4. Nunca

5.4   1. amarillas 2. rojas 3. verde 4. anaranjadas 5. blancas

5.5   1. este, ése 2. estas, ésas 3. estos, ésos 4. esta, ésa

5.6   1. No voy a comprar este suéter. Prefiero ése. 2. Antonio, ¿ves aquella chaqueta azul? Cuesta cincuenta dólares. 3. Estas camisas no son caras. Ésas cuestan veinte dólares.

5.7   **A.** 1. Los guantes son de mi hermano. 2. Las botas son de mi hermana menor. 3. La gorra de lana es del instructor de esquí. 4. El abrigo es de la instructora de esquí. **B.** 1. ¿De quién es este suéter? 2. ¿De quién es esta chaqueta? 3. ¿De quién son estos pantalones? 4. ¿De quién son estos esquíes?

5.8   1. Sí, es mío. 2. Sí, son mías. 3. Sí, es suya. 4. Sí, es suya. 5. Sí, son nuestras. 6. Sí, son nuestros.

5.9   1. Una amiga mía lleva mi chaqueta. 2. ¿De quién es este paraguas azul? ¿Es tuyo? 3. No es mío. Es de Anita. 4. Su impermeable está aquí también.

5.10   (No answers provided.)

5.11   1. mil doscientos 2. setecientos veinte 3. quinientos cuatro 4. trescientos cincuenta 5. novecientos sesenta 6. seiscientos noventa 7. cuatro mil cuatrocientos veinticuatro (veinte y cuatro) 8. setenta y cinco

5.12   1. enero, febrero 2. abril, mayo 3. julio, agosto 4. octubre, noviembre

5.13   1. el cuatro de julio de mil setecientos setenta y seis 2. el siete de diciembre de mil novecientos cuarenta y uno 3. el nueve de abril de mil ochocientos sesenta y cinco 4. el veinte de julio de mil novecientos sesenta y nueve

Copyright © 1997 John Wiley & Sons

5.14 1. Hace tres meses que llevo lentes de contacto. 2. Hace dos días que Miguel lleva esos calcetines. 3. Hace un año que Marta y yo trabajamos en la tienda de ropa.

5.15 1. Ana, ¿cuánto tiempo hace que estás aquí? 2. Hace media hora que estamos aquí. 3. Hace quince minutos que Martín y Eva bailan.

5.16 1. Está limpiando su cuarto ahora. 2. Están estudiando ahora. 3. Estoy escribiendo los ejercicios en el cuaderno ahora. 4. Está leyendo una novela ahora. 5. Está durmiendo ahora. 6. Estamos escuchando una canción de Jon Secada ahora.

5.17 (No answers provided.)

5.18 (No answers provided.)

CAPÍTULO 6

6.1 Horizontal: 1. parque 2. parada 3. calle 4. esperar 5. rascacielos 6. buzón 7. cine 8. estatua 9. entrar 10. museo 11. catedral 12. iglesia **Vertical:** 1. plaza 2. periódico 6. bar 13. revista 14. película 15. terminar 16. avenida 17. gente 18. taxi 19. banco

6.2 1. ¿Dónde se venden zapatos de tenis? Se venden en la zapatería, etc. 2. ¿A qué hora se abren las tiendas? Se abren a las diez, etc. 3. ¿A qué hora se cierra el banco? Se cierra a las dos, etc. 4. ¿Dónde se compran libros? Se compran en la librería.

6.3 1. volví, volvió, volvieron 2. pasé, pasó, pasaron 3. empecé, empezó, empezaron 4. leí, leyó, leyeron 5. jugué, jugó, jugaron 6. fui, fue, fueron 7. comí, comió, comieron 8. asistí, asistió, asistieron

6.4 1. Sí, estudiamos (No, no estudiamos) mucho anoche. 2. Sí, miramos (No, no miramos) la televisión. 3. Sí, comimos (No, no comimos) pizza. 4. Sí, salimos (No, no salimos) de la universidad. 5. Sí, fuimos (No, no fuimos) de compras. 6. Sí, compramos (No, no compramos) muchas cosas. 7. Sí, regresamos (No, no regresamos) tarde.

6.5 A. 1. ¿Fuiste al centro el fin de semana pasado? 2. ¿Tomaste el autobús? 3. ¿Viste una película? 4. ¿Visitaste el museo de arte? 5. ¿Compraste algo en el almacén? **B.** 1. ¿Fuisteis...? 2. ¿Tomasteis...? 3. ¿Visteis...? 4. ¿Visitasteis...? 5. ¿Comprasteis...?

6.6 1. Llegué a la universidad a mediodía. 2. Almorcé con mis amigos. 3. Busqué a mi amigo Bill. 4. ¿Viste a George? 5. Abracé a Mónica. Es mi amiga favorita. 6. Empecé a estudiar a las cuatro de la tarde.

6.7 1. Fui a la oficina de correos. 2. Escribí la dirección en el sobre. 3. Compré un sello en la oficina de correos. 4. Eché la carta al correo. 5. Mandé una tarjeta postal a mi amigo. 6. Recibí un paquete de mi abuela.

6.8 1. El camarero repitió las especialidades del restaurante. Yo repetí el nombre del plato especial. Ana y Linda repitieron los nombres de los aperitivos. 2. Yo pedí arroz con pollo. Anita pidió paella. Tina y Susana pidieron camarones Alfredo. 3. Yo preferí la torta de chocolate. Tina prefirió el pastel de limón. Susana y Anita prefirieron el helado de fresa. 4. Yo dormí bien toda la noche. Anita no durmió bien. Tina y Susana durmieron hasta las diez de la mañana.

6.9 1. Normalmente Paco duerme bien. Anoche durmió mal. 2. Normalmente Tina y Elena piden pizza vegetariana. Anoche pidieron pizza con salchicha y jamón. 3. Normalmente el profesor de español almuerza con los otros profesores. Ayer almorzó con los estudiantes. 4. Normalmente juego al tenis por la tarde. Ayer jugué por la mañana. 5. Normalmente las clases empiezan a las ocho de la mañana. Ayer empezaron a las ocho y media.

6.10 (No answers provided.)

6.11 1. viajero 2. firmar 3. cambiar 4. efectivo 5. cambio, contar 6. depositar 7. cobrar 8. ganar, ahorrar 9. encontrar

6.12 (No answers provided.)

6.13 A. 1. ...depositarlos. 2. ...cobrarlo. 3. ...firmarlos. 4. ...comprarlos. 5. ...pagarla. **B.** 2. Leti los depositó. 2. Leti lo cobró. 3. Leti los firmó. 4. Leti los compró. 5. Leti la pagó.

6.14 1. Miguel, ¿te llamó María ayer? 2. Sí, me llamó por la tarde. 3. Quiere invitarnos a una fiesta. 4. Linda y Manuel quieren venir también. 5. ¿Va María a invitarlos?

6.15 (No answers provided.)

6.16 (No answers provided.)

6.17 (No answers provided.)

CAPÍTULO 7

7.1 Horizontal: 1. tormenta 2. gallina 3. colina 4. pájaros 5. caballo 6. bosque 7. selva 8. tierra 9. relámpagos 10. pescar 11. lago 12. serpiente 13. fuego **Vertical:** 2. gato 3. cielo 9. río 10. pez 14. granja 15. estrellas 16. luna 17. flor 18. nubes 19. isla 20. desierto 21. valle 22. bote 23. cerdo 24. árbol 25. vaca 26. sol

7.2 1. Me gusta ir a ...2. Sí, están (No, no están) de vacaciones ahora. (Están en...) 3. Sí, hacemos (No, no hacemos) viajes los fines de semana. (Vamos a...) 4. Prefiero hacer un viaje a la playa (a las montañas). 5. Sí, me gusta (No, no me gusta) tomar el sol.

7.3 (No answers provided.)

7.4 1. hicimos 2. vinieron 3. puse 4. trajeron 5. anduvimos 6. quiso 7. pudo 8. estuvimos 9. tuve

7.5 1. Condujeron al centro ayer. 2. Tuvimos un examen la semana pasada. 3. Trajimos comida a la clase anteayer. 4. Hiciste la tarea anoche. 5. La profesora nos dio un dictado en la clase ayer. 6. Traduje el poema anoche. 7. Estuvo en su oficina esta mañana.

7.6 A. 1. ¿Dónde estuviste anoche? 2. ¿Qué hiciste? 3. ¿Pudiste encontrar un taxi? 4. ¿Adónde fuiste? 5. ¿A qué hora tuviste que volver? **B.** 1. ¿Dónde estuvisteis anoche? 2. ¿Qué hicisteis? 3. ¿Pudisteis encontrar un taxi? 4. ¿Adónde fuisteis? 5. ¿A qué hora tuvisteis que volver?

7.7 1. Conocí a Sam ayer. 2. ¿Por qué trajo insectos a clase? 3. ¿Dónde los puso? 4. Un estudiante quiso encontrarlos. 5. Los otros estudiantes no quisieron entrar en la clase. 6. El profesor supo quién lo hizo.

7.8 (No answers provided.)

7.9 1. ¿Cuándo empezaron a hacer los planes? Empezamos a hacerlos hace un mes. 2. ¿Cuándo compraron las carpas? Las compramos hace tres semanas. 3. ¿Cuándo pidieron los sacos de dormir de L.L. Bean? Los pedimos hace tres semanas. 4. ¿Cuándo salieron de la universidad? Salimos hace dos semanas. 5. ¿Cuándo volvieron a la universidad? Volvimos hace cinco días.

7.10 1. Ella me dio un saco de dormir. 2. Ella les dio un bote de pesca. 3. Ella te dio una mochila. 4. Ella le dio una bicicleta. 5. Ella nos dio una carpa.

7.11 1. Le regalé una bolsa a mi amiga Linda. 2. Les mandé unos regalos a mis primos. 3. Le mostré las fotos a mi tía. 4. Le devolví la cámara a mi padre. 5. Les conté mis aventuras a mis abuelos. 6. Le traje un vestido a mi hermana.

7.12 1. Le fascinan las arañas. 2. Les encanta montar a caballo. 3. Nos molestan los mosquitos. 4. Me interesan los insectos y la vegetación de la selva. 5. Le importa la preservación de la naturaleza.

Copyright © 1997 John Wiley & Sons

7.13 1. Mi abuela me lo mandó. 2. Mi hermana me la escribió. 3. Mi tía me los prestó. 4. Jorge me la dio. 5. Carmen me lo contó. 6. Óscar me lo dijo.

7.14 1. Va a regalárselo a Óscar. 2. Va a regalárselos a Elena y Sonia. 3. Va a regalársela a su hermanita. 4. Va a mostrárselas a sus abuelos. 5. Va a mostrárselo a la profesora Serra. 6. Va a devolvérsela a Juan. 7. Va a devolvérsela a mamá.

7.15 1. Juanita, ¿quién te mandó las flores? 2. Alejandro me las dio. 3. ¿Vas a mostrárselas a tus padres?

7.16 1. No, no hay nadie en el banco. 2. No, no hay nada en su bolsa. 3. Sí, alguien oyó la alarma. 4. Sí, alguien llamó al policía. 5. Sí, hay algo en la bolsa del ladrón. 6. No, no tiene nada en la mano. 7. No, no le dice nada al policía.

7.17 1. Veo algo en el río. 2. Lo veo también. 3. ¿Está alguien acampando allí? 4. No. Nadie está allí. 5. No quiero nadar ahora. 6. Tampoco yo.

7.18 (No answers provided.)

7.19 (No answers provided.)

CAPÍTULO 8

8.1 **Horizontal:** 1. copa 2. sofá 3. lámpara 4. refrigerador 5. sillón 6. televisor 7. cama 8. chimenea 9. recámara 10. pared 11. baño 12. comedor 13. jabón 14. garaje 15. espejo 16. techo 17. cuadro 18. subir 19. lavar **Vertical:** 2. sala 6. toalla 7. cortinas 8. cómoda 20. ropero 21. ducha 22. alfombra 23. estante 24. escalera 25. suelo 26. inodoro 27. cocina 28. basura 29. bajar 30. lavabo 31. bañera 32. fregadero

8.2 1. el vaso, la leche, el jugo, etc. 2. la taza, el café, el té, etc. 3. el tenedor, la ensalada, el arroz, etc. 4. el cuchillo, el bistec, el jamón, etc. 5. la cuchara, la sopa, el cereal, etc. 6. la servilleta, la boca, las manos, etc.

8.3 1. Pasé la aspiradora. 2. Planché mi camisa/blusa nueva. 3. Hice las camas. 4. Saqué la basura. 5. Lavé y sequé los platos. 6. Puse la mesa. 7. Apagué el televisor/el estéreo. 8. Prendí el estéreo/el televisor. 9. Empecé a preparar la cena.

8.4 1. dormía 2. corríamos, jugábamos 3. miraba 4. abríamos, encontrábamos 5. preparaba 6. tomaban 7. íbamos 8. venía 9. comíamos, tomábamos 10. eran

8.5 1. juego, jugaba 2. miras, mirabas 3. hacen, hacían 4. queremos, queríamos 5. guarda, guardaba

8.6 1. alquilaba, alquiló 2. iba, fui 3. comíamos, comimos 4. subieron, subían 5. anduve, andaba

8.7 1. era 2. hacía 3. eran 4. caminaba 5. Llevaba 6. iba 7. llegó, abrió, entró 8. estaba 9. había 10. encendió 11. tenía 12. tuvo, salió

8.8 1. ¿Qué hacía el lobo allí? 2. Dormía cuando llegó la niña pequeña. 3. ¿Qué hizo ella cuando vio el lobo?

8.9 (No answers provided.)

8.10 1. ...al lado del sofá 2. ...detrás del sofá 3. ...encima de la mesa 4. ...en frente de/frente a la ventana 5. ...entre los sillones

8.11 1. Anita, en vez de mirar la televisión, ¿quieres alquilar un vídeo? 2. ¡Sí! ¿Está la tienda de vídeos lejos de tu casa? 3. No. Está muy cerca. 4. Antes de ir, ¿quieres pedir una pizza de Franco's? 5. ¡Sí! Me encanta la pizza de Franco's.

8.12 (No answers provided.)

8.13 1. conmigo 2. contigo 3. ti 4. conmigo 5. ella 6. ustedes 7. mí 8. ella 9. ella 10. nosotros

8.14 1. Vamos a la biblioteca para estudiar. 2. Vamos al parque para descansar, etc.

3. Vamos al restaurante Roma para cenar, etc. 4. Vamos al cine para ver una película. 5. Vamos al bar para tomar un refresco, etc.

8.15 1. Va a la tortillería para comprar tortillas. Las compra para la tía Elisa. 2. Va a la pastelería para comprar pasteles. Los compra para la vecina. 3. Va a la chocolatería para comprar chocolates. Los compra para Óscar. 4. Va a la frutería para comprar fruta. La compra para la abuela. 5. Va a la lechería para comprar leche. La compra para mamá. 6. Gracias por las tortillas. 7. Gracias por los pasteles. 8. Gracias por los chocolates. 9. Gracias por la fruta. 10. Gracias por la leche. 11. Pagó $2.00 por las tortillas. 12. Pagó $5.00 por los pasteles. 13. Pagó $10.00 por los chocolates. 14. Pagó $6.00 por la fruta. 15. Pagó $3.00 por la leche.

8.16 1. por 2. para 3. por 4. para 5. por 6. para 7. por 8. para 9. por, por 10. para 11. por, para 12. para

8.17 (No answers provided.)

8.18 (No answers provided.)

CAPÍTULO 9

9.1 **Horizontal:** 1. preocuparse 2. quejarse 3. ruido 4. afeitarse 5. despedirse 6. secarse 7. peinarse 8. quitarse 9. bañarse 10. acostarse 11. levantarse 12. reírse 13. sentarse **Vertical:** 1. peine 14. llorar 15. ducharse 16. cortarse 17. despertarse 18. ponerse 19. divertirse 20. cepillarse 21. enojarse 22. enfermarse 23. lavarse 24. vestirse 25. sonar

9.2 (No answers provided.)

9.3 1. Me despierto a las ocho. 2. Me levanto. 3. Me quito los pijamas. 4. Me baño. 5. Me lavo el pelo. 6. Me seco. 7. Me afeito. 8. Me visto. 9. Me pongo los zapatos. 10. Desayuno. 11. Me cepillo los dientes.

9.4 1. se peinó; te peinaste; nos peinamos 2. se vistió; nos vestimos; se vistieron 3. te pusiste; se puso; se puso 4. fueron; fuimos; fue 5. nos divertimos; se divirtió; se divirtieron 6. se rió; nos reímos; se rieron 7. se despidieron; se despidió; nos despedimos

9.5 1. Me preocupo de/por los exámenes, etc. 2. Me quejo de la comida, etc. 3. Sí, me enfermo (No, no me enfermo) frecuentemente en el invierno. 4. Me siento bien (mal). 5. Me levanté a las ocho, etc. 6. Sí, me bañé (No, no me bañé) esta mañana. Sí, me peiné (No, no me peiné). 7. Sí, fui a una fiesta (No, no fui a una fiesta) el fin de semana pasado. Sí, me divertí (No, no me divertí). 8. Sí, nos divertíamos mucho. (No, no nos divertíamos mucho.) Sí, nos preocupábamos mucho de las notas. (No, no nos preocupábamos mucho de las notas.)

9.6 (No answers provided.)

9.7 1. Acabo de levantarme. 2. Mi compañero(a) de cuarto acaba de vestirse. 3. Nuestros amigos acaban de salir de la residencia estudiantil.

9.8 1. Leti y Óscar se conocieron en la fiesta de Carmen. 2. Se encontraron en el parque. 3. Caminaron por la Avenida Mayo y se besaron. 4. Cenaron en un restaurante y hablaron mucho. Se enamoraron. 5. Se comprometieron.

9.9 1. eran 2. se llevaban 3. se peleaban 4. se querían 5. se casaron 6. era 7. se divorciaron 8. tuvieron 9. se separaron 10. resolvieron

9.10 1. enérgicamente 2. lentamente 3. frecuentemente 4. rápidamente, inmediatamente 5. fácilmente 6. probablemente

9.11 1. Camila ha limpiado su apartamento. 2. Esteban ha recibido un cheque grande y ha comprado un estéreo. 3. Alfonso y Natalia han ido a Mt. Palomar para ver el famoso observatorio. 4. Linda y Manuel han encontrado trabajo. 5. Carmen ha escrito un cuento original. 6. Javier ha devuelto los libros de todos sus amigos a la biblioteca.

Copyright © 1997 John Wiley & Sons

9.12 1. No hemos dicho nada. 2. No hemos hecho nada. 3. No hemos roto nada. 4. No hemos visto nada. 5. No hemos puesto nada en el escritorio de la profesora. 6. No hemos abierto los regalos.

9.13 1. ¿Has sacado la basura? Sí, la he sacado. 2. ¿Has hecho la cama? Sí, la he hecho. 3. ¿Has terminado la tarea? Sí, la he terminado. 4. ¿Te has lavado las manos? Sí, me las he lavado. 5. ¿Te has cepillado los dientes? Sí, me los he cepillado. 6. ¿Te has vestido? Sí, me he vestido. 7. ¿Te has puesto los zapatos? Sí, me los he puesto.

9.14 1. Pepe, ¿has oído? El perro de Susana ha muerto. 2. No. ¿Has hablado con ella? 3. No la hemos visto. 4. Todavía no ha vuelto. 5. Sus vecinos dicen que ella ha ido a Chicago.

9.15 1. Como demasiado chocolate. Voy a dejar de comerlo. 2. Mi padre come demasiadas hamburguesas. Va a dejar de comerlas. 3. Comemos demasiados postres. Vamos a dejar de comerlos. 4. Mis amigos comen demasiada pizza. Van a dejar de comerla.

9.16 1. Mis amigos dijeron que nunca habían viajado a España. 2. Dijimos que nunca habíamos visto el Estrecho de Gibraltar. 3. Carmen dijo que nunca había comido una paella. 4. Dijiste que nunca habías tomado sangría. 5. Dije que nunca había ido a una corrida de toros.

9.17 (No answers provided.)

9.18 (No answers provided.)

CAPÍTULO 10

10.1 **Horizontal:** 1. cruzar 2. seguir 3. multa 4. puente 5. camino 6. carretera 7. llenar 8. llanta 9. aire 10. revisar 11. izquierda 12. doblar 13. frontera 14. estacionar **Vertical:** 1. camión 15. semáforo 16. parabrisas 17. parar 18. tanque 19. derecha 20. reparar 21. desinflada 22. abrocharse

10.2 1. tengo, prisa, me olvido, abrocharme 2. tener, cuidado 3. me pongo impaciente, trato de 4. estacionar, me acuerdo

10.3 (Answers may vary.) 1. ¡Caramba! 2. ¡Qué lástima! 3. ¡Qué suerte! 4. ¡Qué lío! 5. ¡Ay de mí!

10.4 1. ...haga el viaje. ...hagamos el viaje. 2. ...llene el tanque. ...llenemos el tanque. 3. ...revise las llantas. ...revisemos las llantas. 4. ...repare los frenos. ...reparemos los frenos. 5. ...tenga cuidado. ...tengamos cuidado. 6. ...salga temprano. ...salgamos temprano. 7. ...maneje despacio. ...manejemos despacio. 8. ...vaya a la costa. ...vayamos a la costa. 9. ...pida las direcciones antes de salir. ...pidamos las direcciones antes de salir. 10. ...siga la carretera 64 hasta llegar a la costa. ...sigamos la carretera #64 hasta llegar a la costa. 11. ...piense en ellos. ...pensemos en ellos. 12. ...vuelva pronto. ...volvamos pronto.

10.5 1. Carmen quiere que te abroches el cinturón. 2. Prefiero que Pedro estacione el carro aquí. 3. El policía le pide que pare en la esquina. 4. Mi amiga sugiere que te ayudemos. 5. Recomiendo que ustedes se vayan ahora.

10.6 1. ...traiga su casete de U2, ...ayude con su computadora 2. ...llame a David, ...compre champú en la farmacia, ...pida una pizza para la cena 3. ...devuelva el secador de pelo, ...ponga la comida en el refrigerador, ...alquile un vídeo para esta noche

10.7 1. ¿Quiere que llamemos al policía? 2. Señor, él insiste que usted le muestre su licencia/carnet de conducir. 3. Ellos recomiendan que crucemos la frontera ahora. 4. Sugiero que esperemos.

10.8 (No answers provided.)

10.9 1. Leti se alegra de que haga buen tiempo. 2. Se alegra de que Jessica llegue mañana. 3. Se alegra de que sus padres le manden un cheque. 4. Se alegra de que las vacaciones empiecen el viernes. 5. Se alegra de que Óscar y ella vayan a la playa.

10.10 1. Siento que mi abuela esté muy enferma. 2. Temo que tenga fiebre. 3. Me alegro de que ella pueda hablar con el médico hoy. 4. Espero que ella se sienta un poco mejor.

10.11 (No answers provided.)

10.12 1. Hable más despacio, por favor. 2. Escriba las respuestas en la pizarra, por favor. 3. Traduzca las oraciones, por favor. 4. Repita las preguntas, por favor. 5. Cierre la puerta, por favor. 6. Lea en voz alta, por favor. 7. No nos dé exámenes difíciles, por favor. 8. Hagan la tarea. 9. Vengan a clase a tiempo. 10. Aprendan los verbos. 11. Contesten las preguntas. 12. Vayan a la pizarra. 13. Siéntense, por favor.

10.13 1. Cámbielo, por favor. 2. Llénelo, por favor. 3. Arréglelo, por favor. 4. Revíselos, por favor. 5. Límpielo, por favor. 6. Devuélvamela, por favor. 7. No lo revise. 8. No las limpie. 9. No la cambie. 10. No me lo traiga.

10.14 1. Señor, siga recto/derecho cuatro cuadras. 2. Doble a la derecha en la esquina de las calles Juárez y Morelos. 3. Cruce el puente. 4. Vaya al semáforo y doble a la izquierda. 5. Estacione en frente de la biblioteca.

10.15 (No answers provided.)

10.16 1. Vistámonos. 2. Desayunemos. 3. Pongámonos los trajes de baño. 4. Pongamos las toallas y las pelotas de voleibol en el coche. 5. Vamos a la playa. 6. Juguemos al voleibol. 7. Nademos. 8. Comamos en la playa. 9. Divirtámonos. 10. Volvamos a la universidad el domingo.

10.17 (No answers provided.)

10.18 (No answers provided.)

CAPÍTULO 11

11.1 **Horizontal:** 1. aduana 2. pasaporte 3. equipaje 4. horario 5. boleto 6. pasajero 7. cámara 8. vuelo 9. recoger 10. servir 11. salida 12. rollo **Vertical:** 1. aterrizar 13. aeropuerto 14. avión 15. despegar 16. azafata 17. llegada 18. asiento 19. piloto 20. volar 21. facturar

11.2 1. Abróchate el cinturón. 2. Mira por la ventana. 3. Toma el jugo. 4. Lee la revista. 5. Haz el crucigrama en la revista. 6. Quítate la chaqueta. 7. Ponte los zapatos. 8. Ten paciencia. 9. Sé bueno. 10. Duérmete.

11.3 1. No lo uses. 2. No lo comas. 3. No las bebas. 4. No lo devuelvas. 5. No te olvides de mi cumpleaños.

11.4 1. Levántate más temprano. No te levantes tan tarde. 2. Acuéstate más temprano. No te acuestes tan tarde. 3. Apaga el televisor. No apagues la computadora. 4. Pon tus cosas en el ropero. No las pongas en el suelo. 5. Dime la verdad. No me digas mentiras. 6. Ve a clase. No vayas al centro estudiantil. 7. Sal con tus amigos. No salgas con esas personas. 8. Lleva tu ropa. No lleves la mía.

11.5 (No answers provided.)

11.6 1. No creo que haya una demora muy larga. 2. Dudo que muestren películas en el vuelo. 3. No estoy seguro(a) que el equipaje siempre llegue a su destino. 4. Estoy seguro(a) que los auxiliares sirvan jugo. 5. Dudo que el vuelo vaya directamente a Lima. 6. Sí, creo que debemos confirmar el vuelo.

11.7 (No answers provided.)

11.8 1. Es bueno que el vuelo salga en diez minutos. 2. Es extraño que mis amigos no estén aquí. 3. Es importante/urgente que lleguen en dos minutos. 4. Es importante/urgente que me traigan la maleta que dejé en casa. 5. Es improbable que puedan subir al avión para dármela. 6. Es ridículo que todos los restaurantes del aeropuerto estén cerrados.

11.9 (No answers provided.)

Copyright © 1997 John Wiley & Sons

11.10 1. estación, ferrocarril 2. perder 3. taquilla 4. ida, vuelta 5. primera, segunda 6. maletero 7. propina 8. aseo/servicio

11.11 1. Espera que hayamos hecho las maletas. 2. Espera que Rubén haya confirmado los boletos. 3. Espera que hayas reservado los asientos en el avión. 4. Espera que haya recogido las etiquetas de identificación. 5. Espera que hayan conseguido las tarjetas de embarque. 6. Espera que Esteban y Alfonso no se hayan olvidado de traer sus pasaportes. 7. Espera que nos hayamos despedido de nuestros amigos.

11.12 1. Ha perdido su equipaje. 2. Es una lástima que no lo hayan encontrado. 3. Espero que llegue en el próximo vuelo.

11.13 (No answers provided.)

11.14 (No answers provided.)

CAPÍTULO 12

12.1 **Horizontal:** 1. recepcionista 2. planta 3. piscina 4. ascensor 5. quedarse 6. recado 7. bienvenidos 8. manta 9. felicitaciones **Vertical:** 3. portero 10. calefacción 11. recepción 12. sábana 13. llave 14. registrarse 15. huésped 16. criada 17. miel 18. almohada 19. mensaje

12.2 (No answers provided.)

12.3 1. Algunos porteros llevan uniforme. Ningún portero lleva gafas de sol. 2. Algunos botones reciben propinas muy grandes. Ningún botón recibe propina pequeña. 3. Algunas criadas dejan chocolates en las habitaciones. Ninguna criada deja botellas de vino. 4. Algunos huéspedes se quedan todo el fin de semana. Ningún huésped se queda todo el mes.

12.4 1. Algún día vamos a quedarnos en ese hotel. 2. Esta noche no hay ninguna habitación en este hotel. 3. Ni el portero ni el recepcionista pueden ayudarnos. 4. O tenemos que volver a casa o tenemos que dormir en el coche.

12.5 1. entienda, entienda, entiende 2. pueda, pueda, puede 3. venda, venda, vende 4. sirva, sirva, sirve

12.6 1. Buscamos una habitación que tenga aire acondicionado. 2. ¿Hay una habitación que cueste menos de cuarenta dólares? 3. Hay una que cuesta treinta dólares pero no tiene baño privado. 4. ¡Encontramos un hotel que tiene aire acondicionado, baños privados y una piscina!

12.7 (No answers provided.)

12.8 1. La habitación de Camila está en el tercer piso. Salió de la habitación y dejó su suéter. 2. La habitación de Rubén está en el quinto piso. Salió de la habitación y dejó sus llaves. 3. La habitación de Juanito y Elena está en el séptimo piso. Salieron de la habitación y dejaron su pelota y su toalla. 4. Mi habitación está en el décimo piso. Salí de la habitación y dejé mi paraguas.

12.9 1. La recepción es tan grande como la sala de conferencias. 2. El restaurante "El Capítan" es tan elegante como el restaurante "El Jardín". 3. La vista al lago es tan impresionante como la vista a las montañas. 4. La piscina es tan nueva como la cancha de tenis.

12.10 1. Traje tantos rollos de película como ella. 2. Traje tanto dinero como ella. 3. Traje tanta ropa como ella. 4. Traje tantas camisetas como ella.

12.11 1. La estatua de San Martín es más alta que la estatua de Bolívar. 2. La Avenida Calí es más larga que la Calle Tres. 3. La catedral es más antigua que la iglesia San Esteban. 4. El museo de arte es más interesante que el museo de historia. 5. El restaurante "El Cid" es más caro que el restaurante "El Patio".

12.12 1. ...son las más impresionantes del país. 2. ...es la más simpática del país. 3. ...es la más deliciosa del país. 4. ...es el más agradable del país. 5. ...son las más bonitas del país.

12.13 1. ¿Es éste el mejor hotel de la ciudad? 2. Las habitaciones en este hotel son mejores que las habitaciones en ése/aquél. 3. No, son peores. 4. Y cuestan más de cincuenta dólares. 5. Miguel, ¿viaja tu hermano tanto como tú? 6. No. Viaja menos que yo.

12.14 1. Otra criada dijo que haría las camas. 2. El botones dijo que llevaría todas las maletas a las habitaciones. 3. Dije que buscaría más toallas. 4. Dijimos que hablaríamos personalmente con todos los huéspedes. 5. La recepcionista dijo que los registraría muy rápido. 6. Dijiste que pondría chocolates en todas las almohadas. 7. El cocinero dijo que tendría que preparar más comida. 8. Los dueños dijeron que vendría al hotel para ayudar.

12.15 (No answers provided.)

12.16 (No answers provided.)

12.17 (No answers provided.)

CAPÍTULO 13

13.1 **Horizontal:** 1. fábrica 2. desempleo 3. hambre 4. prevenir 5. robar 6. plantar 7. conservar 8. empleo 9. destrucción 10. atacar 11. desperdiciar 12. desforestación 13. alcohol 14. solución 15. construir 16. pobreza **Vertical:** 11. drogas 17. tabaco 18. reciclar 19. proteger 20. sufrir 21. ozono 22. contaminación 23. crimen 24. resolver 25. planeta 26. peligroso

13.2 1. Debemos votar por el mejor candidato. 2. Debemos escoger entre conservar el planeta o destruirlo. 3. Debemos apoyar las causas que ayudan a la sociedad. 4. Debemos encontrar una cura para el cáncer, la SIDA, etc. 5. Debemos ayudar a las personas sin hogar. 6. Debemos enseñarles a los niños el peligro de las drogas.

13.3 1. El criminal trató de matar al hombre porque quería su dinero. 2. A causa de la violencia en nuestras ciudades muchas personas mueren.

13.4 (No answers provided.)

13.5 1. ...reciclara el aluminio. ...no desperdiciara el agua. ...plantara unos árboles. ...protegiera los animales. 2. ...no fumaras. ...no tomaras demasiado alcohol. ...hicieras ejercicio. ...no comieras mucha carne. 3. ...lucháramos por los derechos humanos. ...escribiéramos muchas cartas. ...no nos olvidáramos de los prisioneros. ...mandáramos dinero. 4. ...fueran al lugar del desastre. ...fueran voluntarios. ...prepararan comida. ...les dieran ropa a los niños.

13.6 1. Dudaba que ellos tuvieran reservaciones. 2. Querían que el hotel estuviera cerca del capitolio. 3. Buscaban un hotel que fuera económico. 4. Esperaban que la conferencia llamara atención a los problemas del medio ambiente. 5. Era urgente que todo el mundo leyera las noticias.

13.7 1. Fue una lástima que hubieran destruido el bosque. 2. Se alegraron de que hubiéramos empezado un programa de reciclaje. 3. Esperaron que hubiera resuelto el problema. 4. Fue fantástico que hubiéramos encontrado una solución. 5. No me sorprendió nada que hubieras ayudado a las personas sin hogar.

13.8 1. Quería que mi amigo(a) fuera conmigo. 2. Dudé que hubiera viajado a Sudamérica/la América del Sur.

13.9 1. Si tuviéramos el dinero, se lo daríamos a los pobres. 2. Si fuera presidente, resolvería los problemas económicos. 3. Si pudiéramos, protegeríamos el medio ambiente. 4. Si mi familia viviera al lado de un río, no lo contaminaría. 5. Si estuviéramos en la selva Amazonas, no destruiríamos el bosque tropical.

Copyright © 1997 John Wiley & Sons

13.10 (No answers provided.)

13.11 1. Ojalá que tuviera un coche nuevo. 2. Ojalá que pudiera viajar por todo el mundo. 3. Ojalá que supiera hablar cinco lenguas extranjeras. 4. Ojalá que fuera famoso(a). 5. Ojalá que conociera a la Madre Teresa. 6. Ojalá que estuviera en Hawaii.

13.12 (No answers provided.)

13.13 (No answers provided.)

CAPÍTULO 14

14.1 **Horizontal:** 1. producir 2. puesto 3. contrato 4. disco 5. archivar 6. entrevista 7. solicitud 8. empresa 9. gerente 10. jefa 11. calculadora 12. contestador 13. invertir 14. impresora **Vertical:** 8. empleado 15. fotocopiadora 16. diga 17. computadora 18. éxito 19. cliente 20. sueldo 21. operadora 22. pantalla 23. guía 24. ocupada 25. marcar

14.2 (No answers provided.)

14.3 1. ¿Irás a la escuela de verano? Sí, iré a la escuela de verano. 2. ¿Solicitarás empleo? Sí, solicitaré empleo. 3. ¿Trabajarás para una empresa grande? Sí, trabajaré para una empresa grande. 4. ¿Ganarás mucho dinero? Sí, ganaré mucho dinero. 5. ¿Volverás a la universidad? Sí, volveré a la universidad.

14.4 1. ¿Harán ustedes ejercicio en el gimnasio? Sí, haremos ejercicio en el gimnasio. 2. ¿Saldrán ustedes de la universidad? Sí, saldremos de la universidad. 3. ¿Tendrán ustedes que trabajar? Sí, tendremos que trabajar. 4. ¿Vendrán ustedes a la fiesta en el apartamento? Sí, vendremos a la fiesta en el apartamento. 5. ¿Podrán traer comida y bebidas? Sí, podremos traer comida y bebidas.

14.5 (No answers provided.)

14.6 1a. termine 1b. terminé 2a. me llame 2b. me llamó 3a. me hable 3b. me habló

14.7 1. Te llamaré cuando pueda. 2. Te visitaré cuando tenga más tiempo. 3. Te ayudaré con el proyecto cuando termine el mío. 4. Te llevaré al cine cuando repare mi coche. 5. Te mandaré más flores cuando reciba mi cheque.

14.8 1a. Terminaré las cartas de recomendación antes de salir. 1b. Terminaré las cartas de recomendación antes de que ellos salgan. 2a. Cerraremos la oficina después de hacer las fotocopias. 2b. Cerraremos la oficina después de que la secretaria haga las fotocopias.

14.9 1. para que 2. a menos que 3. en caso de que 4. con tal que

14.10 1. ...consiga el dinero, etc. 2. ...reciba los boletos, etc. 3. ...haga sol. 4. ...veas las playas bonitas, etc.

14.11 1. Vamos a la playa para descansar y divertirnos. 2. Vamos a la playa para que mi hermano menor pueda ver el océano.

14.12 (No answers provided.)

14.13 (No answers provided.)

CREDITS

Realia Credits

Chapter 1   Page 7: Vega & Associates, publisher of Hispanic Yellow Pages, and Librería del Lobo.

Chapter 2   Page 16: Text courtesy of Editorial América; Page 18: Vega & Associates, publisher of Hispanic Yellow Pages, and Librería del Lobo.

Chapter 3   Page 29: Courtesy of Panificación Bimbo; Page 35: © The Proctor & Gamble Company. Reprinted by permission.

Chapter 4   Page 49: Reprinted by permission of A.H. Robbins Consumer Products.

Chapter 5   Page 56: Courtesy of Lloyd's Formal Wear, Arlington, VA.

Chapter 6   Page 73: American Express Stored Value Group.

Chapter 8   Page 102: Courtesy of the American Red Cross. All rights reserved in all countries.

Chapter 9   Page 111: Reprinted by permission of Colgate-Palmolive.

Chapter 10   Page 133: Courtesy of Cayman Airways.

Chapter 11   Page 140: Reprinted by permission of Escuela Internacional Tuñon.

Chapter 12   Page 148: Reprinted by permission of the Hotel Quito.

Chapter 13   Page 161: Vega & Associates, publisher of Hispanic Yellow Pages, and Librería del Lobo; Page 162: Cortesía de Muy Interesante.

Chapter 14   Page 170: Courtesy of Xerox Corporation.

Photo Credits

Chapter 2   Page 194 (top): Michael Newman/Photo Edit/PNI. Page 194 (center): Robert Frerck/The Stock Market. Page 194 (bottom): Suzanne L. Murphy/D. Donne Bryant Stock. Page 195 (top): J. P. Courau/D. Donne Bryant Stock. Page 195 (center): Robert Frerck/Woodfin Camp & Associates. Page 195 (bottom left): Tony Freeman/Photo Edit/PNI. Page 195 (bottom right): Robert Frerck/Woodfin Camp & Associates.